我所遇見的少年犯

千宗湖
천종호

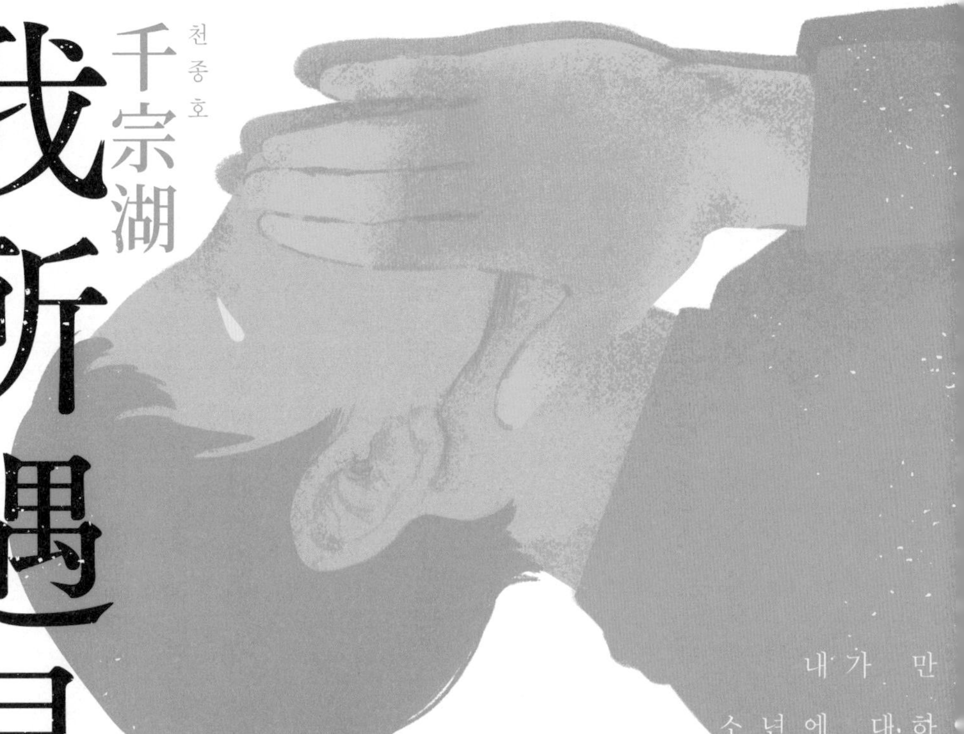

내가 만
소년에 대하

王詩雯 譯

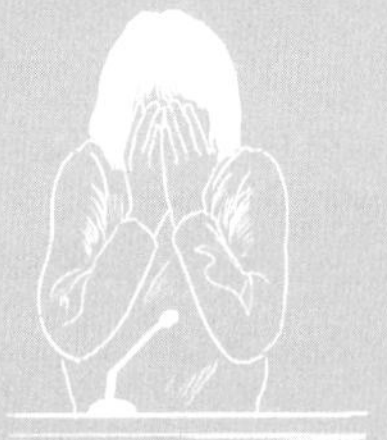

目錄

推薦序

不是愛的司法，而是贖罪的司法

台灣大學法律學院教授　**李茂生**

最近網路上有部火紅的韓劇，名叫「少年法庭」。我是沒有時間去追韓劇，但聽學生和我說，其劇情誇張，特別是法官在法庭的態度，已經到令人瞠目結舌的地步。當時我是覺得戲劇的劇情就是要誇張，不然拿不到好的收視率，所以根本不在意學生的評語，也沒興趣去追劇。其後，間接地透過網路訊息得知其中之一的法官的人設，是參考了韓國實際上存在的少年法官千宗湖。

這是我第一次聽到韓國的少年法官千宗湖的大名，聽說他曾寫了幾本關於少年司法的法普書，對於少年司法的社會意義有與他人不同的想法。這點倒是引起了我的興趣。終究剛開始觸及少年事件處理法時，令我感動的就是日本漫畫《家栽之人》中虛擬的少年法官桑田義雄，其對少年犯罪的理解以及對少年司法的期待等，都深深地觸動我的心弦。漫畫中將少年比喻成植物的看法，也影響到我後來所設計的自我健全成長發達權的概念。一個實際上存在的少年法官，應該有超過虛擬人物的魅力。不，應該是說千宗湖法官或許會有超越《家栽之人》創作者毛利甚八之處。然而我一生與韓語無緣，看不懂韓文，所以沒看過千宗湖法官的原著，當然也無法判斷到底兩者間有何差異。

月前出版社編輯和我說千宗湖法官的新著已經翻譯完成，希望我能夠寫篇推薦文。雖然最近真的忙翻天，根本沒有時間看翻譯的書，更遑論寫文章推薦，但是基於上述的緣由，我仍舊接下了這個任務。拿到譯本後，一直都沒有時間閱讀，不過截稿的死線到了，也只好抽出時間處理此事。不料，僅花了兩個晚上就看完了整本書，而且也完全理解了千宗湖法官寫這本書的動機。

若說我所主張的自我健全成長發達權來自於《家栽之人》，那麼可以說同心圓理論的雙層保護圈的概念，即是與千宗湖法官的本書有異曲同工之妙。我主張在少年司法程序中，身處同心圓第二層保護圈的從事司法工作者（亦即，法官及調查官、保護官，或甚至於輔佐人等）除了要尊重位處同心圓核心的少年情操（自我健全成長）的維護外，其工作的重點之一也必須置於第一圈保護圈的修復或調整。這是因爲少年犯罪的原因，除了其本身的問題外，最重要的應該是第一圈保護圈，亦即教與養的社會機能的失靈。

關於司法少年本身的問題，可以參考宮口幸治教授所著《不會切蛋糕的犯罪少年》，該書強調許多少年都是因智商處於邊緣，認知能力不足，進而邁入犯罪一途，應該透過一些訓練，增長其認知能力，以排除情緒控制、人生規劃、學習方式上的障礙，不然往後仍會繼續犯罪。反之，千宗湖法官的本書則是強調犯罪的原因在於其成長或生存的環境。其認爲「非行」僅是少年的武裝，去除武裝後，立即可以發現少年毫無保護的狀態。這種認知與馬札的漂流理論有相似之處。完全符合犯罪學的觀察。

確實，如果不能滿足馬斯洛的需求層次理論中的低層安全與安心的需求，則遑論更高層次的精神力的增強。而安心與安全的需求即必須靠第一層保護圈的教養義務者擔負起來。千宗湖法官的這本書是從以往寫的三本書中挑選更適於法普的段落編纂而成，對作者而言或許是認爲家庭、父母的議題更能夠吸引住大眾的關注，所以本書的大部分都透過案例討論親子關係。關於教育的場面，頂多只討論了部分的校園霸凌議題（韓國稱爲校園暴力，而且這段的重點是置於修復式正義的達成）。不過，瑕不掩瑜，總不能要求一本書面面俱到。

總而言之，整本書論述流暢，用心明確，但是眞正的重點要讀到最後才逐漸明朗。作者主張少年司法是替社會向司法少年賠不是的機制，亦即少年司法審判的不僅是司法少年的事件或案件，而是審判整個社會。這點與我所主張的「不是愛的司法，而是贖罪的司法」一說擁有相同的視角。而連續劇的「少年法庭」的核心議題也在於此處。之所以作者會提出這類的結論，原因在於韓國因爲連續發生少年所爲重大案件，整個社會瀰漫著修訂少年法，爲保護被害人應增加應報的份量，而非偏向寬恕之類的主張。但是對作者而言，柔軟的少年司法不是寬恕少年，更不是處罰少年，更遑論被害人保護（作者主張縱然處罰少年，也無法確實保護被害人，這應該透過其他社會機制達成），而是透過少年事件的處理，呈現出社會反省的機制，是一個遠大的社會工程。

於本書的最後，作者提出一個反諷，結束論述。千宗湖法官說他不是反對將少年法嚴格化或責任化（嚴格追求少年的責任），不過如果硬要如此，則爲求平等，也必須修訂其他法律，讓少年擁有與成人一樣的權利。
偉哉斯言。讀完不禁莞爾一笑。

推薦序

如果可以好好唸書，我也不想惹事呀！

諮商心理師、作家 **陳志恆**

儘管我有著多年青少年輔導的經驗，也見過各式各樣被稱作「問題少年」的孩子，但平時在路上，若偶然瞥見幾位染著滿頭金髮、嘴裡刁著煙、身上刺龍刺鳳，蹲坐在地上，嘴裡說著粗俗髒話的青少年，我仍會感到有些懼怕。

正確來說，我對於他們的眼神中流露出來的輕蔑與敵意，感到不安。

這些半大不大的孩子，他們的打扮與舉止，正試圖吸引旁人的目光；

但他們的眼神，卻正在告訴你：「離我遠一點」或「別惹我」。這正是所謂「不良少年」給人的感覺。

我的內心不寒而慄。每當這感覺湧現時，我總會提醒自己，每一個孩子身上都有著傷痛的故事，不爲人知，需要被聽懂、被理解。

印象中，有個在學校因到處惹事而被記滿三大過，面臨休學處分的孩子，他在和我談話時，不經意地說出了：「如果可以好好唸書，我也不想惹事呀！」

這句話，令我有些意外。因爲，每次與這孩子會談時，他總是流露出冷漠的神情，對我的關心與提問，不理不睬。有時候，還會顯得過度老成地反問我：「這一次又要聊什麼了？」

但那句話，卻著實讓我楞了一下。

一般大人大概會說：「那你就像其他同學一樣，好好唸書不就行了，幹麻非得闖一堆禍呢？」這類的說教，他聽過太多次，早就麻痺了。如果這些道德勸說，能讓他覺悟並痛改前非，他早就醒了。

那麼，他爲什麼仍要渾渾噩噩地度日呢？

就是因爲醒著太痛苦，又沒辦法像一般孩子一樣，踏踏實實地生活著，唸書、補習、社團、友誼、愛情……什麼的，只好沉淪在自我破壞的世界中，甚至遊走犯罪邊緣。

沒錯，只差一點點，他就踩到犯罪的紅線。

他在網路遊戲中遇到一群戰友，其之一人告訴他快速賺錢的門路，慫恿他一起去當車手。本來都講好了，但那天他因爲睡過頭沒有前往，而其他車手被早已跟監多時的警察一舉查獲。他們大多是未成年、逃家或輟學的青少年。

這孩子的父母離婚得早，母親在他很小的時候就帶著弟弟離家，他與從事送貨的父親同住。父親工作不穩定，常常醉醺醺的回家，心情不好就對他怒吼，甚至拳腳相向。

他覺得母親離開父親是對的，而自己很早就下定決心，只要有能力，要趕快離開父親身邊，他就自由了。然而，一個孩子要如何獨立生存？他得要有錢才行。也因爲如此，特別容易受到金錢誘惑而被詐騙去做不法勾當。

心理學家曾對監獄裡重大刑事案件的受刑人進行訪談，發現他們或多或少都有著心理創傷，也就是，成長過程中沒有被保護與善待，或者經歷喪親、家暴、虐待、性侵、遺棄或者長期孤獨。他們無法循著一般常軌正常長大、獲得成功。爲了生存，他們必須從事不法勾當，透過詐騙與拳頭，來獲得自己所需。

最後的下場，就是入監服刑，證明他們就是個失敗者。

打從很小的時候，他們就認爲自己不好，早就是個失敗者了！

然而，在他們還是個孩子時，他們要的只不過是被理解、被支持和被肯定罷了！

如果，我們能夠及早辨識出這些受傷的孩子，爲他們做些什麼，而不是複製傷害在他們身上，也許，社會上或監獄裡，就會少了一個壞掉的大人。

韓國少年法官千宗湖所寫的《我所遇見的少年犯》一書，也赤裸裸地揭露了這個事實，每個犯罪少年的背後，常有悲慘與不堪的成長經歷。他們難道不想和其他同學那樣，好好唸書，未來找個工作，擁有安穩光明的人生嗎？

當然想！但他們做不到。事實上，他們也曾努力表現良好，但大人在他們身上早早就貼上壞小孩的負面標籤，遮蓋住那些微小的努力與進步。到最後，他們也認同這標籤上的內容，認爲自己就是天生的壞胚子。

我衷心期待，所有的家長或老師，都能閱讀《我所遇見的少年犯》這本書。在一個又一個令人心疼與鼻酸的案例中，回頭去檢討身爲大人的我們，是如何把這些不幸的孩子推往犯罪路上。當然，只要你願意改變看待他們的眼光，你也可以成爲這些孩子的貴人。

序

關於那些我們無法理解的青少年們

從二〇一〇年二月至二〇一八年二月爲止，我總共見過一萬二千名青少年。除了站在教育第一線的老師以外，我應該是唯一一位見過這麼多韓國青少年的人吧！不過，我是在少年法庭上遇見這些孩子的。

未滿十九歲的青少年犯法時，爲了矯正他們的品性與舉止，會進行少年保護處分裁判（以下皆稱爲少年裁判），而進行少年裁判的法庭稱爲少年保護法庭（以下皆稱爲少年法庭）。在少年法庭進行審理的日子，青少年會從警備車上下來，身上綁著警繩、手上戴著手銬，進到等待室裡的鐵柵欄裡面。

一頭金髮的青少年、身上有著像黑道幫派紋身的青少年、帶著不安的表情咬著指甲的青少年、低頭哽咽的青少年……看著這些孩子瑟縮地站在狹窄鐵柵欄的模樣，我的心裡總是覺得不太好受。少年部法官所做出的裁判可能會左右一個青少年的人生，所以我總是在進到法庭前重整精神，然後開始祈禱：希望自己可以作出適合青少年又不失公正的處分，希望青少年們可以將我所作出的處分視爲全新人生的轉捩點，而非自己所犯罪行的報應。

因爲低生育率的緣故，青少年的人數大幅減少。然而，長久以來的經

濟不景氣以及家庭破碎問題，離家出走的青少年人數卻沒有減少；青少年犯下暴力或傷害、勒索等校園暴力事件，以及校外的竊盜、強盜、性侵害等成人型犯罪的比例也持續增加。

事實上，最近所發生的青少年犯罪事件的危險程度很高，將它們稱爲青少年的不當行爲，似乎有點牽強。更可怕的是，不知道自己犯下了什麼錯，或是知道自己犯了錯卻毫無反省之意的青少年愈來愈多。因此，周遭的人們看待非行少年的眼光也漸漸冷淡，並指責處分過於不痛不養，要求要提高處罰的程度。但是，絕大多數的人都只關注這些非行少年所展現的反社會性，卻沒有人去了解這些青少年變成這樣的理由。

我時常問我自己：「少年犯的罪行究竟是誰的罪？」很多時候，非行少年所作出的不當行爲並非源自於青少年本身，而是源自於這個社會。在我負責少年裁判的期間，我看到了許多待在放任與虐待陰影下的孩子。卸下「非行」這個武裝以後，我看到的是在毫無保護的情況下，獨自面對人生的不合理與暴力的孩子們柔弱的模樣。這些孩子的問題是從哪裡開始出現的？為什麼這樣的事情會一再發生？必須要有人去釐清其中的背景與原委。

在我見過許多被大衆鄙視的非行少年之後，我的人生有了一百八十度的轉變。我在自己的人生旅途中也曾經因爲貧苦以及冷落而遭遇挫折，每當遭遇挫折時都會有人願意伸出雙手幫助我，讓我能夠繼續向前邁進。不論是在法庭內或是法庭外都無法受到合理保護的青少年，我想要成爲他們的發言人，而這樣的想法或許也是一種逃避不了的使命。

這些處境如同站在懸崖邊上的青少年，除了透過法律，沒有其他處理方式，但是就算只是小小的幫助或是一句鼓勵的話，他們的人生也能有全新的開展。過去十年間，我親身體會到理解與同理心對這些孩子們所帶來的影響。因爲有許多人願意聽取我這位鄉下無名法官的故事，並且拋下原先對這些青少年的厭惡與冷漠之情，然後無條件地伸出援手，有時甚至代替我遭受他人指責，所以才能有現在的成果。

這本書是我從先前三本著書《不是的，是我們對不起你》、《這個孩子也需要父親》還有《雷公法官千宗湖》中，節選讀者們較有共鳴的文章，重新潤飾文句並且搭配溫馨插畫所製作的特別版，希望青少年與成年人都能夠輕鬆閱讀。雖然沒辦法將所有故事都寫進書裡，但是我一輩子都不會忘記那些孩子們。此外，我也想和大家分享自己與孩子們相遇的同時，心中苦思的法律與正義之間的問題。

無論如何，我希望藉由這本書，讓大家思考那些曾經被我們忽略的青少年。即便現在我已經不再擔任少年裁判的法官，我仍懇切希望能有人持續幫助、關懷這些孩子。

在我校正第一本著書《不是的，是我們對不起你》時還在我背上的老么宋英，希望你也能透過這本書知道爸爸所做的工作，並對那些遭受冷落的青少年的生活有更深的了解。

最後在此說明，本書中所有案例的青少年名字皆爲假名。

二〇二一年三月

這裡有位青少年

我與少年法庭的緣分，開始於二〇一〇年至昌原地方法院工作的時候。在那之後，我擔任了八年的少年法庭法官，在法庭上見過了許許多多的孩子們。那些孩子所犯下的不良行為，每個都截然不同。有人是在商店裡偷香菸被抓到，有人是因為毆打朋友而出現在法庭上，有人是因為在網路上進行詐欺交易而被逮捕，有人則是離家出走以後與相同處境的青少年住在一起，最後懷著身孕站在法庭上。這些孩子都超越了我們社會上的紅線。

如果是對少年法庭有所關注的人，或許會知道我就是那位綽號令人印象深刻的法官。因爲比起我的眞實姓名，更多人熟知的是我的綽號——「雷公法官」。若以新生代年輕人的方式來說，我可是位「綽號富翁」呢。除了「雷公法官」以外，還有「痛快法官」、「千十號」、「雙面男子漢」、「萬事皆少年」（意指所有事情都只會想到青少年）等各種獨特綽號，其中我最喜歡的綽號便是「痛快法官」。

「痛快法官」是我在昌原地方法院擔任部長法官[1]時，SBS紀錄片《學校的眼淚》因爲播出了我在少年法庭進行審理的畫面而得到的綽號。紀錄片中出現了我當時對著請求從輕判決[2]的加害學生大發雷霆說：「不

1 譯註：爲法院組織中的職稱，性質似台灣法院的庭長。

2 譯註：就台灣司法用語來看，法官就爭議所作出的決定爲裁判，而裁判又區分爲判決及裁定二種，依據《少年事件處理法》所作出的保護處分爲「裁定」。不過韓國並未有此種二分法，就少年法所作出的處分也稱爲判決。

行！我不會更改！」的樣貌，似乎是那個場景讓大眾留下了深刻印象。後來，那段影片也會被用來作爲網路迷因梗圖，用來回應令人感到鬱悶或不合理的情況，而「痛快法官」便是在那個過程中所出現的綽號。因爲我的表現與嚴謹且專制的法院形象截然不同，所以人們感到新奇，不過那說不定也正是大眾對於法律或法官所期待的樣貌，如同汽水一般能讓人感到沁涼無比、大快人心。因爲法庭在某種意義上來說，也算是個解開人們心中芥蒂的地方。

不過期待著我痛快地大發雷霆的人們，大多不知道我在法庭上斥責青少年的背後原因。事實上，沒有任何一個地方比法庭更不適合大聲說話了。卽便沒有另外設置「肅靜」的標示，法庭可是個要求安靜的地方。再加上，從主導判決的法官口中發出怒吼聲的場景，對有些人而言，可能會感到十分不自在。只有在法庭，才會因爲一點點的口誤就遭受「亂說話法官」的譴責。卽便如此，身爲法官的我能夠破壞嚴肅的法庭氛圍、大聲責罵孩子們的原因，是因為我所處的是少年法庭。《少年法》的目的是協助青少年健全成長，是為了矯正青少年的品行以及健全成長而設立的法律。因此，如果有必要，我希望能夠透過訓斥的方式，讓他們可以反省自己所犯下的不良行為。

來到法庭的青少年，他們的狀況就像卡在喉嚨的魚刺一般，令人感到無比鬱悶。雖然近幾年的狀況已經有所好轉，但在我剛開始參與少年事件審理時，一天要進行將近一百位的審判。因此，每位孩子所分配到的審判時間，也只有三分鐘而已。法官喚完青少年的名字之後，說完「你這樣做對嗎？以後不可以再這樣了。」三分鐘就過去了。我記得曾經有人在我分享完這段話以後，說：「三分鐘不就是煮一碗泡麵的時間嗎？以後要改稱為『泡麵審判』了。」語畢，大家都苦笑了一聲。因為審判時間很短，所以我開始以爸爸的心態斥責他們，希望孩子們領悟自己犯錯的程度，同時也希望他們不要再次出現在法庭上。

事實上，被我訓話的對象大多都是因犯下輕罪而要被送回家的孩子，對於那些要被送至少年院的孩子，我不太會大聲斥責他們。因爲那些孩子已經受到嚴重的處罰，如果還訓斥他們，也只是徒增他們的心理負擔，取而代之的，是透過嚴懲的方式，讓他們了解自身罪行所需要承擔的責任。也唯有透過這樣的方式，受害者才能夠不感到冤枉，且做錯事的孩子也能在事後領悟、反省自己對他人造成了什麼樣的傷害。我有時候也會因此被孩子們討厭，或是耳聞他們的抱怨。那些孩子把我稱作「千十號」，意味著我時常下達最嚴厲的十號處分——少年院[3]兩年處分，他們將我的名字中間的字改爲數字「十」，這個綽號也可以說是承載了孩子們怨懟的一個綽號。

不過，更重要的問題是，並不是只有犯下重大犯罪、要送至少年院的孩子們會被送到少年法庭。有更多的孩子們，是因爲沒有受到父母與學校的適當照顧，在街頭上徘徊、遊蕩，然後一腳踏進了犯罪的世界，最後被逮捕而被送到少年法院。所以對我來說，在法庭上大聲斥責他們的行爲，是希望這些孩子能夠有所改變的一種方式，也可以說是我對他們的懇切呼喚。

被我以上述方式進行審理的孩子們，在順利結束少年院生活或是度過安置期間回到家中後，時常會再次與我聯絡。有人是因爲突然生病，卻沒有人可以照顧自己，所以哭著打電話給我；有人則是因爲父母親要進行離婚訴訟而向我詢問訴訟相關事宜；也有人是因爲騎摩托車出了意外，打電話請求我的幫助。這些孩子們可以坦然與我聯繫，至少代表他們沒有再做出不當行爲，因此我不但不覺得厭惡，反而是感到喜悅，且心懷感激。

某一年夏天，恩美打了電話給我。

3 譯註：等同於台灣的少年矯正學校。

「你現在在哪裡？」

「我在釜山……我……如果現在回去的話，你會把我送進少年院嗎？」

與我通話的恩美，當時十七歲，四月的時候她因爲以他人名義申請了簽帳卡，且不將簽帳卡歸還給對方，所以接受到了審理。中學時，她在捐血時得知了自己的血型，不過自己的血型並非自己父母親所能生出來的血型，她知道自己的父母並非親生父母以後，便草率地離家出走，也因而經歷了許多不該經歷的遭遇。以兩年的保護觀察作爲條件，將恩美委託安置於七日中心[4]，起初在那裡安分度日的她，後來與其他孩子們臭味相投，一起破壞紗窗後逃了出去。在那之後沒多久，她就主動與我聯絡了。

「現在馬上到我辦公室的話，我可以再給你一次機會，馬上過來。」

「我知道了。可是……我……法官那個……」

「還有什麼事嗎？」

「我……沒有到昌原的車錢。」

雖然內心非常想要開口斥責她，但我只能抑制住自己的情緒，冷靜地與她通完電話。因爲我非常清楚，如果恩美繼續留在釜山而不回來昌原，她就再也無法脫離那個世界了。

「車錢的事你不用擔心，你趕緊搭計程車到法院來吧！到法院時再打電話給我。」

回到昌原的恩美，臉色看起來很憔悴，看來像是整晚沒有好好睡覺的樣子。我有點擔心，不知道她是不是發生了什麼事。

「昨晚做了什麼事，爲什麼臉變成這樣？」

我話一說完，恩美稀鬆平常地回答：「只是在外面玩玩而已。」

我沒有再多問。跟她簡短地談過往後的事情，我們便一起去吃了午

4 譯註：韓國的兒童及少年安置及教養機構之一。

餐，再一起回到辦公室。因爲我還有工作要處理的關係，便要恩美先坐在沙發上稍等一會兒。坐在辦公桌前處理公事的我，看到恩美因爲承受不了襲來的睡意而不斷打著哈欠的樣子。

「累了的話，就睡一下吧！」

「我可以在這裡睡覺嗎？」

「可以。別在意我，想睡就睡吧！」

於是，恩美不久便睡著了，過了一陣子，她的頭向旁邊一倒，發出了「呼～呼～」的呼吸聲，睡得不省人事呢！

即便是沒有犯罪的人們，當他們站在法官面前也會不自主地產生怯懦的感覺，這是人之常情，更何況是對自己的保護處分有著變更權的少年法庭法官，對犯罪的青少年而言，那絕對是最可怕的存在。因此，即便是恣意妄爲的青少年，只要站在法官面前，也會變成聽話的小綿羊。看到恩美在令人心生畏懼的法官辦公室裡熟睡的樣子，我大概也猜到她逃跑後的的生活是什麼樣子了。爲了讓恩美可以舒適地睡一覺，我將音樂轉小聲，坐在辦公桌前處理剩下的工作。過了一陣子，辦公室主任沒有敲門就悄悄打開辦公室的門，然後往辦公室裡看了一眼，馬上露出訝異的表情，然後又慢慢地將門關上後離開。接近傍晚時，可以幫忙看照恩美的人與我聯絡，我才將恩美搖醒，然後送她離開。恩美離開後，主任走進我的辦公室。

「午餐時間結束之後，我回到辦公室，從門縫看到坐在沙發上睡著的學生，我想說應該是法官您還沒回來，學生自己睡著了。我覺得她這樣不太懂事，但同時也產生了惻隱之心。但是過了好一陣子，法官您都沒有回來，我覺得實在有點奇怪，所以才會悄悄打開門察看，然後就看到法官您正在辦公的樣子，嚇了我好大一跳。」

主任說，他看到在險惡社會中貿然

闖蕩的年輕人，將煩惱拋諸腦後，然後在法官辦公室裡安穩沉睡的模樣，覺得心裡有些難受。

「我感到一陣鼻酸，所以就悄悄地關上門了。我也不自主地希望時間可以過慢一些。」

大多數的非行少年，既沒有可以放心依靠的地方，也沒有一個可以安心休息的場所。雖然他們是犯錯的孩子，不過只要有個足以撫慰心靈傷口、讓身心休息的小小空間，他們一定能有所改變。然而，不幸的是，這些非行少年所處的環境，糟糕到令人難以想像。有的孩子因為生病無法接受治療，索性提出自願到少年院的請求；有些孩子則是因為肚子餓在超市偷餅乾，最後被送到了法院。

我無法斷言所有的情況都一樣，不過若要簡單說明的話，在青少年做出不當行為時，若有監護人或家人的照顧與協助，就可以向被害者提出賠償，並取得對方的原諒，在警察處理事件時，極有可能分別被施以訓誡後釋放，而在檢察官處理事件的過程中，也可能提出緩起訴處分。相對的，那些沒有監護人或家人協助的青少年，就很有可能會被送至少年法庭。這也是爲什麼來到少年法庭的孩子們中，遭遇異於常人的經濟困境的孩子較多的原因。

當然，並不是所有孩子都會因爲貧窮或是沒有父母而犯下罪行。但是，那些沒有做出不當行爲的孩子們，不論是以什麼樣的方式存在，他們身邊一定都有照顧著自己的大人。而那些不良青少年的周圍，通常充斥著許多有著相似處境的朋友。在一個身邊沒有可以保護自己的大人，也沒有朋友能夠成爲「好隊友」的情況下，孩子還能夠品行端正地成長，可能是只有在幻想或是小說中才會出現的故事吧！小孩就如同石蕊試紙，對於那些還沒有力量保護自己的孩子而言，周圍環境的影響是不可避免的。許多人因爲缺乏對青少年所處環境的理解或關懷，只因爲這些青少年沒有父母，或是因爲他們是愛闖禍的小鬼頭，便理所當然地放棄這些小孩子。每當我親眼目睹這樣的現實狀況，總是感到十分痛心。

在那之後，恩美就沒再做出不當行爲，且很努力地生活。每當我快要淡忘她的時候，她就會打電話給我。不久前她才與我聯絡，跟我說她過得很好。我希望像恩美一樣找不到安心之處、夜裡在街頭上徘徊的青少年們，總有一天能夠找到專屬於自己的小小安身之處。我也想起了夏目漱石的小說《草枕》一書中出現的一小段文字。

我一邊爬山一邊這麼想，
只用智慧生活的話，有稜有角
只用情感生活的話，行雲流水
只用意志生活的話，抑鬱寡歡
無論如何，所謂的俗世就是很難存活的世界。

當難以存活的程度到達了極點，就會想要離開、找尋休息的地方。
當我意識到，不管到哪裡都一樣難以存活時，
詩就完成了，畫也完成了。

為年幼的「尚萬強」們所作的辯解

人們都厭惡犯罪者。對於「任何人都可能會失誤」這句話，許多人都會點頭表示認同，但是對犯罪者卻有著極嚴格的標準。大眾看待少年法的想法也是如此。或許是因爲這樣，我爲了讓大家了解非行少年在犯行初期所面臨的那些令人感到惋惜的狀況，並改善他們的處境，我見過了許多人。而在這個過程中，我最常聽到的話之一，就是「非行少年必須嚴懲」。

事實上，民意與輿論認爲必須要提高非行少年或少年法懲罰的程度，已經不是一天、兩天的事情了。每當少年犯罪事件一出現，這個議題就一定會伴隨登場。我去年曾參加 tvN《劉 Quiz on the block》的節目錄影，大家熟知的「國民 MC」的劉在錫也問了相同的問題：少年法的處罰規則不會太輕嗎？因爲他知道，民意認爲必須要更加嚴厲地懲罰少年犯，所以才問了這個問題。對於他的疑問，我的回答也是一如往常。

「當然，依據案件的不同也會需要嚴懲。而我對於犯下嚴重罪行的青少年，也是處以少年法中最嚴厲的處分，我也因而受到孩子們的埋怨。不過，更重要的是接下來的事情，雖然給予懲罰，但是國家與社會必須要投入更多心力，防止他們再次做出犯罪行爲。對青少年而言，他們未來要走的路，比他們生活過的日子還要多，而非行少年同樣也都是青少年。即使進行了嚴懲，在他們接受了應有的懲罰以後，協助他們以社會成員的身分繼續生活下去，這件事既是國家的責任，也是爲了社會整體健康與發展的最佳選擇，不是嗎？」

犯了罪就要接受懲罰，這是理所當然的事情，並不會因爲適用少年法，就成爲例外。但是，大家在要求施以嚴懲之前，必須要先知道一件事：少年犯罪案件中，校園暴力、殺人、性暴力等重罪案件所佔據的比例，並沒有想像中的高。相較於這一類的案件，所謂「謀生型」的犯罪案件反而更多。

我在少年法庭遇到的孩子們，絕大多數的人都是因爲謀生型犯罪而來到法庭。青少年犯罪中佔最大比例的犯罪類型，是偷東西的「竊盜」行爲，其中也包含了在超市偷餅乾而來到少年法庭的孩子。不過，要說偷餅乾這種程度是犯罪，似乎有點說不過去。當然，不論東西大小，偷別人東西就是錯誤的行爲。然而，如果是在一般家庭中長大的小孩，就不會因爲這樣的事情來到法院。因爲父母親會帶著小孩回到超商道歉，並將東西歸還，或是以等價的方式進行賠償，讓整起事件順利落幕。然而，如果是沒有大人看照的小孩子們，就會因爲這種輕微的犯罪行爲而出現在法庭上，他們就是現代版的「尙萬強」。

十七歲的永宇因爲在自己打工的網咖偷了錢，所以來到少年法庭接受審理。永宇和父親、繼母、繼妹一起生活，他與父母親之間的關係不好，與親生母親也已經斷了聯繫。然而，在下達以前，在犯罪防治中心接受輔導的永宇，偷走了輔導老師的錢，然後逃跑了，審判當天他也沒有出席。後來，他又偷了摩托車無照駕駛，才被逮捕而來到了法庭。我詢問低著頭的永宇：

「你爲什麼常常離家出走呢？」

「我是爲了要獨立才離家出走的。」

「那你爲什麼想要獨立呢？」

永宇沉默不答。

「你的獨立，就是偷東西嗎？」

「……我做錯了。」

「你想回家嗎？」

「對，我覺得自己不能一直過著這樣的生活……」

「我如果讓你回家，你是不是又要離家出走了？」

「不會，我絕對不會再離家出走，也不會再惹麻煩了。」

雖然家庭關係要在短時間內修復是一件很難的事情，但我認爲未來的發展取決於家人們努力與否，所以便以保護觀察[5]作爲條件，讓永宇回到父母的身邊。然而，永宇母親因爲有話要對我說，而進到了法庭，「我沒辦法把永宇帶回家，請把他送到少年院吧！」

「永宇母親，判決已經確定了，請帶著小孩回家吧。並不是您想讓小孩去少年院，我就可以把他送去，也不是您不想讓小孩去少年院，我就不會把他送去。所謂的法律，不是按照父母的意願而任意改變的。」

因爲我的態度堅定，永宇母親無法再多說些什麼，她走出法庭時說：

「我不能把這個小孩帶回家。請讓他搭上囚車，把他送到少年院吧！」還引起了一陣騷動，著實讓我不知失措。如果永宇母親能夠敞開心胸、忘卻這段時間的芥蒂，用「兒子啊，辛苦你了！來，我們趕緊回家吧！」開心地迎接自己的孩子，那該有多好呢？雖然永宇一邊哭一邊反省，但那也只是永宇個人的意志力。幫助這個意志力好好萌芽、茁壯，則是家長的任務。

然而，永宇的意志力還未能在這世界上萌芽，就被殘忍地踐踏了。不出我所料，永宇回到家後又再次離家出走，然後被逮捕，時隔一年多，我們又再次於法庭上相見。這次的審理過程中，我見到了永宇的父親，原本期待他會提出從寬處分的請求，但是我的期待也馬上落空了。

「永宇啊，爲什麼沒有遵守約定，又離家出走了呢？」

5 譯註：等同於刑法上的緩刑宣告。

「上次審理結束以後，我回到家中，父母親很生氣地說：『你就去少年院呀！為什麼要回來？』我很生氣，所以出言頂嘴。一氣之下，我就說我要去少年院，請爸爸把我載去，結果我爸爸眞的把我載到昌原地方法院門口，就自己回家了。所以我又再次開始離家生活。」

後來，永宇在接受了那次的審理以後，便被送到了少年院。

很多人常說，按照法律所做出的判決如同冰霜一樣冷冽無情，因為法律不會考量個人因素，而是按照犯罪的程度公平地進行審判。但是，法律也是有血有淚的。這並不表示法律可以鬆散，或是迫於人情而做出不對的判斷，而是代表著，有時候法官也會按照法律原先的目的——正義——來進行裁判。如果各位是法官的話，會給予一個因為飢餓難耐而偷餅乾的孩子什麼樣的處分呢？只不過是偷了一包餅乾，所以你會好好規勸他之後，就讓他回家嗎？但是，如果這個孩子並不是初犯呢？依照法律規定，累犯是加重處罰的對象，罪責也會加重。尙萬強爲了飢餓的外甥去偷了一塊麵包，而在監獄裡生活了長達十九年的時光，也是因爲種種原因，使他成爲適用加重處罰的對象。

即便是依照原則所做出的公平處分，但我們依舊認爲它違背人性時，就會對法律產生疑慮。尙萬強因爲偷了一塊麵包，必須以罪犯的身份度過十九年遠離社會的生活。即便那樣的處分完全符合法律程序，但面對那樣的處分，即便本性再怎麼善良的人，都會對社會留下怨懟之情。當時引領著尙萬強走出全新人生的關鍵，是神父的慈悲之心。如果連神父都以嫌惡的眼光看待尙萬強，認爲尙萬強有罪的話，那我們所熟知的馬德廉市長就不會誕生了吧！

如同神父的慈悲之心引導了尙萬強一條全新的人生道路，非行少年們也需要一個制度上的支持，給予他們全新生活的機會。如果沒有制度的協助，那麼已經沒有太多選擇的非行少年爲了生存，不得不再次陷入犯罪的泥沼之中，這樣的結果，也只是讓社會成爲一個犯罪者養成之地。實際上，曾經接受過少年保護處分的非行少年的再犯率相當高，而且數值持續增加。根據最近的統計結果，接受保護觀察處分的青少年中，在一年內再犯的青少年約爲百分之九十。透過深度訪談去了解其中的原因，才發現這是「非行少年」或「犯罪者」這類社會標籤所造成的結果。

我們總是說，森林大火的早期控制非常重要。因爲如果我們能在森林大火剛發生的時候就發現，那便能馬上採取相關措施，不讓火勢蔓延、防止它成爲更大的火災。對待非行少年的方式也是相同的道理。活在這世界上的任何一個人，都有可能失誤或犯錯，但是如果人們連一次的失誤或犯錯都無法容忍，早早就爲青少年們貼上社會標籤的話，那麼他們很可能會走上更不好的路。原因在於，我們如果想要改變一個人，就必須要給他希望，但是在被貼上「犯罪者」標籤的情況之下，他很難抱持希望。相反地，透過適度的教育讓青少年知道犯罪的問題，從周圍給予共鳴與支持，讓他能夠自我反省，那些過去的失誤就會成爲幫助他成長的墊腳石。

那天，永宇順從地接受了處分。我在作出處分的同時，也期望他能夠在少年院裡好好地完成學業、學習一技之長，成爲一位堂堂正正的社會成員。對於那些心中感到徬徨、心靈受傷且內心充滿淚痕的孩子們，必須有人給予他們支持與鼓勵。雖然孩子們犯了錯，但是仍舊需要一個願意伸出雙手擁抱他們的人。這也是我沒有放棄與非行少年們之間的溝通管道，且總是想要與他們站在同一陣線的原因。

有個孩子非常愛你

參與少年審判的過程中，我深深體會到一件事：我們社會上的破碎家庭問題比想像中還要嚴重許多。因爲犯罪而來到法庭的青少年中，很多都是來自單親家庭、由祖父母、叔伯阿姨，或是由親戚撫養等不健全的家庭。就算是看起來健全的家庭，大多也都是與父母關係不融洽的狀態。有許多非行少年都對父母抱持著反抗心態，尤其是對父親的暴力行爲懷有極深憎惡感的孩子特別多；相反的，也有對自己的孩子產生厭惡的父母親。曾經有位青少年在法庭上，瞪著打了自己一巴掌的父親，大喊說：「好啊，你再繼續打啊！」

雖然偶爾在法庭上會上演如同八點檔一般的劇碼，不過少年法庭也是讓四散各地的家人們團聚的場所。為了工作住在外地的父母親，因為擔心自己的子女而飛奔到法庭上，或是離婚以後各自生活的父母親，因為聽聞子女接受審判的消息而趕到法院。因為丈夫阻撓、離婚以後害怕丈夫而無法見到子女的母親，也會因為擔心、想念子女而來到法庭上。青少年們在法庭上與許久不見的父親、母親相見，既開心卻又充滿怨懟，複雜的心情湧上心頭，因而感到不知所措。

不過，不管犯罪的根本原因為何，讓父母與家人擔心並且引起社會紛擾的人，是青少年自己。所以我會要求青少年們跪在父母與家人面前，要他們大聲說出十次「爸爸、媽媽，我做錯了」或是「爸爸、媽媽，我愛您們」。萬一青少年的聲音太小聲，或是過於敷衍的話，我也會說：「真心誠意地再說十遍！」並且斥責他們。許多青少年都是在這個時刻生平第一次向父母說出「我愛您們」這句話。

重複的效果比想像中來得大。我能感受到，從青少年口中說出來的話語，已經深植他們心中。青少年們糊裡糊塗地說了一遍、兩遍「我愛您們」以後，心裡會莫名地湧現出一股未知的感覺，讓他們激動哽咽，從子女口中聽到「我愛您們」的父母也會因而感傷難過。在一些特殊的情況之下，我也會讓父母親與子女面對面跪下，讓他們向自己的子女說出十次「孩子啊，我做錯了，原諒我吧！」接著，再讓青少年與父母互相擁抱，通常這個時候，他們都會緊緊抱著對方哭泣，也有些家庭會在法庭上放聲大哭。他們透過哭泣產生共鳴，同時也讓他們站在關係恢復的起點之上。

十六歲的善珠以自己被他人誹謗爲由，對他人施加暴力，還和朋友一起在商店裡偷化妝品而被逮捕，然後來到了法庭。除了這次的案件以外，善珠並沒有其他少年保護處分的相關紀錄。然而，保護觀察所根據她的暴力傾向以及其他原因進行判斷，建議我對善珠施以九號處分。九號處分的內容是在少年院生活六個月，比要在少年院生活兩年的十號處分來得輕微。對於僅有暴力與竊盜兩個犯罪行爲的善珠來說，保護觀察所建議給予九號處分的結果，並不常見。因此，我又更仔細地看了保護觀察所繳交的調查書。調查書中包含了以下的內容：

善珠有一位弟弟，小時候因為食物中毒而過世了。因兒子死亡而深受打擊的善珠父親，認為兒子的死都是妻子的錯，所以開始對妻子與女兒暴力相向，還為了要減緩心中的悲痛而仰賴酒精，最後患上了酒精中毒症。

善珠父親發酒瘋的行爲以及暴力行爲，直至審理當時都還持續著。因爲弟弟的死亡帶來的打擊，以及對父親暴力行爲的反抗心，善珠從高中開始叛逆，做出了喝酒、抽菸以及外宿等脫軌行爲。年紀輕輕的她，已經擁有懷孕、墮胎等紀錄。而這次的案件，也是在這一連串的脫軌行爲中所產生的事件，所以我認爲，善珠會犯下不當行爲的最大主因，是因爲父親的暴力行爲所引發的家庭問題。善珠長時間暴露在暴力行爲之下，自己也可能因而產生暴力傾向，所以我覺得讓她離開現在的生活環境，似乎也不是件壞事，於是我完成了這個案件紀錄的檢討。

那天，善珠的審理開始了，出席的人包括善珠以及善珠母親。爲了預防善珠再次犯下罪行，我覺得當務之急是要恢復一家人與父親之間的關係，所以對於父親的缺席，我感到十分可惜。於是，爲了要思索出最適當的處分，並給予善珠反省機會，我決定先將善珠暫時委託給少年分類審查院[6]。接著，我吩咐善珠的母親，一定要跟先生一起來參加兩個禮拜以後的審判。

然而，善珠父親依舊沒有出席下一次的審判。因爲我有話想對善珠父親說，所以我覺得很可惜，但審判已經不能再延期，只能做出審理結果。少年分類審查院的審查報告與先前保護觀察所的意見不同，認爲善珠可以回到父母親身邊生活，而且等同於普通刑事案件公設辯護人的公設輔佐人也給予了同樣的建議。因此，我嚴厲告誡善珠以後，便以保護觀察爲條件，作出了將善珠委託給父母親保護之處分。

然而，過了不久，我又再次和善珠在法庭上見面了。她因爲十幾次的慣性偷竊，再次來到少年法庭接受審理。幾個月後，善珠的審理展開了。跟以往的狀況一樣，善珠及善珠母親來到審理現場，但卻沒看見善珠父親到場。我認爲，在善珠父親未出席的狀態下裁定處分，對善珠和她的家人

6　譯註：類似台灣的少年觀護所，在確定處分以前，是少年犯暫時生活的地方。

都毫無助益。爲了讓善珠父親來到法庭，我將審理時間延後三週，不得不再次將善珠臨時委託給少年分類審查院。我也向善珠母親千叮嚀萬囑咐，請她下次開庭一定要和善珠父親一起出席。

在那之後過了三週，善珠的審理再次開始了。所幸這一次，我看到善珠與父母親一起進到法庭，我也放下了心中的大石頭。以往遲遲不現身的善珠父親終於來到法庭上，我甚至覺得有些感激。在聽完公設輔佐人的意見以後，我向善珠父親說道，「善珠父親，不是只有你感到心痛，您的女兒與夫人也都覺得很難過。夫人因爲兒子過世所產生的自責、女兒的徬徨、丈夫深受打擊的模樣而患上了憂鬱症；您女兒也因爲弟弟的死亡、父親的家暴行爲而迷失了方向。您的夫人與女兒都懇切希望您夠好好地振作。」

接著，我便讓善珠朗讀由電視劇歌曲〈那個男人〉歌詞所改編的〈那個孩子〉，希望他能夠知道，「那孩子」所指的人便是善珠。

有個孩子愛著你
那個孩子非常愛你
每天像影子一般追隨著你
那個孩子一邊笑一邊哭
還要多久
還要這樣獨自望著你多久
這像風一樣的愛，像乞丐一樣的愛
要繼續下去你才會愛我嗎
那個孩子個性很謹慎小心
所以聽說她學會了微笑的方法
有許多不能向好朋友傾訴的話
那個孩子的心已經滿目瘡痍
所以那個孩子說

她深愛著你，因為彼此相像
是一樣的傻瓜，是一樣的傻瓜
難道這次不能抱抱我再離開嗎
我也想要被你愛
每天都只在心中，只在內心之中
大聲呼喊，那個孩子
今天也在你身邊

善珠父親不知道是不是理解了女兒的想法，在善珠朗讀歌詞到一半時，就開始哽咽、哭了起來。與此同時，在一旁的善珠母女二人，也一起哭出了聲音。善珠朗讀完歌詞後，我便要她跪在父母親面前，重複說十次：「父親、母親，我愛您們。我不會再犯錯了。」

善珠跪在法庭地上，以淚洗面地反覆說：「父親、母親，我愛您們。

我不會再犯了。」善珠父母看著她如此行動，低頭哽咽著。在善珠說完以後，我也要求善珠父親跪下來，大聲說十次：「老婆、善珠，我錯了，原諒我吧！」善珠父親面向善珠，癱軟似地跪了下來，小聲哽咽地反覆說：「老婆、善珠，我錯了，原諒我吧！」

善珠父親看起來並不像個天生就具有暴力傾向的人，但是兒子的死亡造成善珠父親心中的創傷，使他無法控制自己的情緒。原本站著的善珠母親也因爲善珠父親的話語而跪坐到地上，抱著丈夫與女兒哭了起來。善珠一家人就那樣緊抱著彼此哭了好一會兒，法庭上的其他人也跟著他們一起流下眼淚。雖然時間不長，但那也是藉由淚水讓所有人共鳴的感動時刻呢！

看到善珠一家人彼此擁抱、落淚的樣子，似乎是家人關係和好的第一步，我也因而感到安心。雖然保護觀察所給的建議，是將善珠送至少年院，但若是將她送至少年院，好不容易開始修復的家庭關係可能就會再次被破壞，善珠重新做人的機會也可能因此消失。在這樣的判斷之下，我便以保護觀察爲條件，讓善珠回到父母親身邊一起生活。據我所知，在那之後，善珠好好地生活著，既沒有違反保護處分的規定，也沒有重蹈覆轍的情況。我希望善珠一家人能夠把握這得來不易的修復家庭關係的機會，並順利克服一切。

如果萌生偷竊的念頭，就想想這個皮夾

「千萬要記得，沒有比美好回憶對孩子未來更有助益的事物，尤其是年幼時，家人之間珍貴且強烈的回憶。人們總是對於教育高談闊論，但是絕對比不過兒時所保存的珍貴、神聖回憶所帶來的教育。心中保有一個美好回憶的人，可以不陷於邪惡之中。而且如果有個人的人生中擁有許多那樣的美好回憶，那麼他至死爲止都會非常安寧。」

杜斯妥也夫斯基的小說《卡拉馬助夫兄弟們》中，如此闡述兒時幸福回憶所擁有的力量。不過，即便不借用大文豪的文章，應該也不會有人否認「兒時與家人們的共同回憶會成爲生活力量」這個事實吧！父親瞞著母親偷偷塞給小孩的零用錢、洗完澡後母親爲小孩塗抹的乳液香味、第一次的家族旅行等瑣碎卻難忘的記憶，如同心靈化石一般永存於內心深處，並引領我們走向從善的道路。但是，世界上總是會有人連這樣看似平凡、溫暖的回憶都無法擁有。因爲有些孩子的父母早逝，還有許多孩子因爲父母無法成爲自己的保護傘，而徘徊街頭。

十八歲的金熙與十五歲的銀熙是一對年齡相差三歲的姐妹，她們因爲在便利商店偷錢而接受少年法庭的裁判。雖然她們過去也有許多次偷竊紀錄，但是以刑事案件進行處理，卻是頭一遭。她們兩姐妹在上小學以前，就和母親不相往來了。金熙七歲那年，她們的父母親離婚了，不久之後，再婚的母親便表明想與她們斷絕關係。獨自撫養著兩姐妹的父親，則是在金熙十三歲那年，凍死街頭。

父親過世以後，無處可去的兩姐妹在輾轉住在阿姨家、姑姑家、收容所等地方，這次案件發生當時，她們則是住在汗蒸幕或是汽車旅館等地方，是個沒有固定住所的狀態。這對姐妹沒有受到他人照顧，也沒能接受道德教育，因此成為到處被人鄙視的對象，當她們肚子餓或是有想要的東西時，就會偷取他人物品來解決自己的需求。偷竊成了她們的習慣，所以她們心中並不存在任何罪惡感。

時間來到了金熙、銀熙這對姐妹的審理日。她們的姑姑以監護人的身份出席，但是不知道是不是因爲這兩個惹是生非的姪女讓她頭痛，她看起來非常疲累。雖然她沒有一直跟這對姐妹生活在一起，先前姪女們闖禍時，她都幫她們善後，似乎是因爲這樣的情況層出不窮，她才放手不管了。

「法官，我因爲她們的偷竊行爲，眞的快被煩死了。雖然可憐她們沒有父母，但我家的狀況也沒有好到哪兒去，我沒辦法照顧這兩個孩子。」

「那您希望我怎麼做呢？」

「不如把她們送到少年院吧！」

我原本想說，「如果是自己的小孩，妳還會大言不慚地說出那樣的話嗎？」但是看到金熙、銀熙的姑姑那疲累又無力的臉龐，我並沒有開口。她連照顧自己的小孩都有困難了，還為了照顧這對有偷竊習慣的姪女，造成自己的家庭一團糟，在婆家、丈夫面前都戰戰兢兢，似乎也因此飽受煎熬。

「我確實能夠理解姑姑您的立場。但是直接將這兩個孩子送到少年院，也不一定是最好的方式。我必須要再思考看看，什麼方式對她們的將來比較好。雖然姑姑您很辛苦，但也請您再思索思索吧！」

我說完這一番話後，便將審理延後二十幾天，再將這對姐妹臨時委託給少年分類審查院，希望她們可以確實反省並有所改變。幾天後，我因為公務去了釜山少年院，短暫地與金熙、銀熙見了一面。名為五倫情報產業學校的釜山少年院位於釜山金井區的山腳下，外觀看起來就像是普通的學校，但是每個窗戶都裝設了鐵欄杆，也顯現出它與一般學校不同的事實。

少年分類審查院位於釜山少年院裡，在青少年們確定處分以前，少年分類審查院是他們暫時生活的地方，簡單來說，是個類似拘留所的地方。金熙與銀熙不知道是不是因爲充滿規定的生活太煩悶，流露出想要快點離開的眼神。除此之外，她們雖然擔心自己未來所要接受的處分，但對於自己的犯罪行爲卻毫無眞誠反省之意。我心中雖然感到遺憾，但期待這對從小就無人管教的姐妹能在短短數日內就有所改變，似乎是太貪心了，接著，我就離開了少年院。

不久之後，金熙與銀熙的審理日期確定了。我再次回想這對姊妹所遇到的狀況，苦思了一番。非行少年中，最多的便是有慣竊行爲的孩子，最主要的原因，是因爲他們經濟拮据。尤其是逃家的青少年在外生活需要錢，如果他們的經濟問題無法獲得解決，那麼就不可能不做不當行爲。金熙與銀熙的狀況也是如此。她們周遭的親人因爲狀況也不好，所以無法確實幫助這對姐妹，如果就這樣將她們送回社會中，她們爲了生存，勢必會再次犯罪。而且，許多少女逃家以後，爲了籌措生活費，會進行援助交際，這點也令我擔心。因爲在沒有任何人伸出援手的情況之下，無法保證這對姐妹不會走向這條路，所以究竟要給予她們什麼樣的處分，我覺得十分爲難。

我也想過，如果是這樣的話，說不定將她們直接送到少年院會是一個較好的選擇，但這也不是件容易的事情。因爲我必須要根據非法行爲的嚴重程度給予適當的處分，而她們兩姐妹的行爲，並沒有嚴重到要送到少年院。當然，也是有自願要到少年院的青少年，他們在那裡完成學業或是學習技能，爲日後自己的獨立生活建立基礎。因爲少年院是個與犯罪環境隔絕的地方，所以只要下定決心，少年院生活就會成爲很好的機會。但是，那也只適用於意志堅決的青少年，金熙與銀熙的狀況並不相同。一個不小心，她們可能會在少年院裡學習到自己原本不知道的犯案手法，然後做出更嚴重的犯罪行爲。因此，如果只因爲周圍沒有人可以協助照顧，就把犯罪行爲輕微的孩子送到少年院，是非常危險的一個選擇。

我苦惱了許久，終於作出了決定：與其送到少年院，讓她們回歸社會生活會比較好。然而，即便我決定了處分內容，這對姐妹的狀況依舊縈繞在我心中。雖然是個棘手的狀況，我還是希望來到法庭的她們可以得到一些體悟再離開。我思考了各式各樣可以讓她們有所領悟的點子，但是卻沒有一個深得我心的方式。

因爲想不出一個絕佳的方法，連續好幾天，我都在腦中發想新點子，但又覺得不可行，不斷反覆著這樣的過程，審理的日期一天天逼近了。最後，我從腦中閃過的許多想法中選出了一個方法，雖然那不是最滿意的方式，但我也不能就這樣讓兩姐妹直接回歸社會生活。我所選擇的方法，是送給這對姐妹放了錢的皮夾，希望她們可以脫離偷竊的習慣。在審理開始之前，我將相同金額的錢分別放進兩個皮夾中，然後帶進法庭。就在那時，負責兩姐妹案件的公設輔佐人跟我說，他認識一位住在下洞的老師可以照顧這對姐妹，因此我的心情也輕鬆許多。

最終，金熙與銀熙的處分是以兩年保護觀察爲條件，由老師進行輔導。接著，我將準備好的皮夾交給她們，如此說道：

「金熙、銀熙，從現在開始，不論生活再怎麼困苦，都不能再拿別人的東西了。如果妳們又萌生偷東西的念頭，就想想這個皮夾吧！如果沒錢了，一定要來找我，法官我會再放錢進去。然後，不要再出現在法庭上了。」

兩姐妹懵懵懂懂地把皮夾收下，露出一頭霧水的表情，呆愣愣地看了我好一會兒。不知道是不是對於這樣的狀況陌生又尷尬，所以眼神看起來充滿不安，但我也不曉得他們眼裡的複雜情緒是什麼。我只是懇切地希望，不曾感受過父母及社會溫暖而長大的兩姐妹，不要因此絕望地認爲自己被世界拋棄而急著放棄自己。

可惜的是，我的願望並沒有實現。因爲卽便有老師的悉心呵護，兩姐妹還是在男朋友的誘惑之下，逃離了指定的住處，不久後又再次來到了法庭。最後，金熙被處以在少年院生活兩年的十號處分，她的妹妹銀熙得到寬恕而回到社會中生活，但也就此斷了音訊。據說，當時銀熙身邊有位以保護她爲名義、一起生活的男子。一想到他會對剛滿十五歲的女生做出可怕的事，我便忍不住感到惋惜，甚至還萌生了「早知道就判她跟姐姐金熙一樣的十號處分」的念頭，至少這樣她還能跟姊姊一起生活。在那之後，我只要想起這對姐妹，心裡總是不怎麼好受。

後來又過了三年，我才輾轉聽到這兩姐妹的消息。金熙離開少年院以後，運用自己在少年院所學到的技術，努力地生活著；銀熙則是年紀輕輕就結婚、生小孩，成爲了人母。她們也算是脫離狂飆期了呢！在那之後，我雖然沒再聽聞她們的消息，但是我想，她們應該也沒再做出不良行爲，且成爲正當的社會成員老老實實地生活著吧！

這世界上有如此際遇的人又何止金熙與銀熙兩人呢？一想到那些因爲沒人伸出援手而早早流落街頭的孩子們，還有那些年紀輕輕就要獨自面對殘忍現實的孩子們，我的胸口就像被重物壓著一般，非常難受。畢竟只要能夠多集結一些力量，就能拯救更多的青少年。

然而，比起凝聚力量，人們似乎更喜歡分立、切割。乖孩子與壞孩子、模範兒童與問題兒童、危險青少年與一般青少年等等，充滿了許多分門別類的名稱。說不定這些分類，都是從那些不曾遭遇生命桎梏的人們腦中創造出來的。因爲只要曾經體會過人生苦難，就非常清楚好與壞的分界是多麼脆弱、多麼容易被摧毀。

大部分的非行少年都像金熙、銀熙一樣，在自己難以承受的生活桎梏之中，不得不做出不好的選擇。因此，在法庭上理解青少年的處境，並且洞悉他們潛在可能性的角色，像極了融化寒冬的一縷春風。

在我周圍的的非行少年，有許多人爲了活出全新的人生而奮鬥著。看著這些如同隨風飄曳的樹葉一般，無法扎根、四處徘徊的青少年，因爲小小的幫助而安定下來，並且慢慢改變的樣子，其中所帶來的喜悅，對我而言，是非常特別的感受。因爲在那一瞬間，我才領悟到：單純的喜悅來臨前會先經歷過難過、悲傷。我由衷地希望那些孩子成長的過程中，不會像金熙與銀熙一樣遭遇挫折，不會倒在「現實」這一面頑固且不合理的高牆前方，而是能穩穩地在這塊土地上扎根。

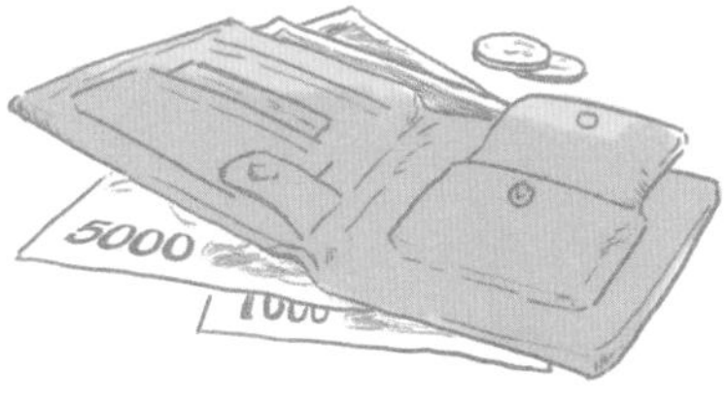

爸爸的心情，法官的良心

法官們所穿的衣服被稱爲「法袍」。雖然不知道法袍在大家眼裡看起來怎麼樣，但我身爲一位穿法袍的人，我覺得那是件非常不舒服的衣服。夏天穿起來很熱，冬天穿起來很冷，行動起來也不算方便。最重要的是，法袍並不是我個人的所有物，而是向國家租借的衣服。如果因爲我沒有好好保管法袍而產生任何問題，就必須要自行去買新的法袍，但是那也不是隨處都能買到的衣服，可能會變成很困窘的情況。不過，法官們爲什麼一定要穿這麼不方便的衣服呢？

法官穿法袍的原因，是希望法官們不要忘記身爲法官的職責。法官也是人，所以在秉公執法的過程中，無法完全排除個人的主觀看法。法官稍微一不小心越了線，可能就會作出違反法律公平、公正精神的判決。因爲不能讓這樣的狀況發生，所以法袍的用意在於讓法官不要忘記自身本分，並要嚴正地秉公執法。不過有些時候，法官根據自己的良心所作出的公平判決，也會造成人性上的折磨。

在一個被稱作晚秋卻相當寒冷的十一月中旬，前一天取得判決結果的京眞與她的父親一同來到我的辦公室。十七歲的京珍是位一個多月後就要臨盆的孕婦。爲了履行前一天說要請她吃美食的約定，我和拖著沉重身軀的京珍一起去了法院附近的烤肉店。於是，被處以少年保護處分的京珍、京珍的父親，以及對京珍作出保護處分的少年法院法官三個人尷尬地面對面坐下，然後開始吃飯。

我第一次見到京珍是在同一年夏天的時候。京珍放棄了中學生活，三月離家出走後，她與三位朋友因爲慣竊而必須接受少年法庭的審判，但是審判那天，她並沒有出席，仍舊持續她一慣的偷竊行爲，而被逮捕，七月的時候，她接受了拘捕令狀的實質審查。因爲拘束身體自由的「拘禁」會對未成年者的身心或未來發展帶來不好的影響，所以《少年法》規定若未被認定是不得已之情況，不得受理拘捕令狀之申請。但是就京珍與她朋友們的情況來看，犯罪的次數與內容都非常嚴重，而且審判當日她也沒有出席，所以法院必須採取特殊的措施。於是，雖然駁回了拘捕令狀的申請，不過以過去少年事件的處理方式當作參考，我決定將這些孩子臨時委託給少年分類審查院。

然而，將這些孩子委託給少年分類審查院以後，京珍卻在接受健康檢查時，診斷出已經懷孕十七週的事實。京珍說自己曾被陌生男子強暴才會懷孕，必須要進行墮胎手術，而吵著要回家。京珍的父親毫不懷疑京珍的說法，向法院遞交請願書，希望可以從輕處分，少年分類審查院也要求我盡速處理這個案件。

過去幾年，我在處理少年事件時，也遇過許多懷孕的少女們，所以當我聽到京珍的消息時，並沒有感到太訝異。當時少女們之間流傳著「懷孕的話，就算犯罪也不會被送到少年院」的傳聞，也眞的有爲了逃避處分而故意讓自己懷孕的女孩。因爲少年院無法再投入專門看管懷孕少女的人力，所以除了特殊情況以外，大多都只能將懷孕少女送回家，而我也不得不作出這樣的處分。

不過，犯下不良行爲的少女們大多都會選擇墮胎，而不是將小孩生下來，就算把小孩生下來，大部分也都是將小孩送養，而不是自己扶養小孩。因爲我很清楚上述的情況，所以每當作出處分時，內心其實並不舒坦。不過至少過往的懷孕少女都沒有表達自己要墮胎的意願，我心裡的內疚感也少了許多。但是，京珍這次公開表明自己有墮胎的意思，跟過往的情形非常不同。

再加上我的直覺告訴我：京珍在說謊。因爲京珍所撰寫的強暴事件說明書內容很牽強。但是我的想法也有可能是錯的，如果京珍所說的是事實，我也必須要趕緊採取保護她的相關措施，於是我急忙選定公設輔佐人，拜託他查明京珍所說的話是否屬實。

公設輔佐人與京珍見了很多次面，好不容易說服了京珍，終於讓她說出實話。京珍懷孕並不是因爲被陌生人強暴，而是因爲她與共同接受審判的男生發生過性關係。處理這個案件的相關人員都因爲京珍的謊言而受到莫大衝擊。就連公設輔佐人也表示，他在聽到京珍說出眞相前，也認爲我的想法可能是錯的。可以想見他們受到的衝擊有多大呢！少年分類審查院的職員們也對此咋舌，因爲他們已經多次聽聞京珍述說強暴當時的情況，京珍每次說的內容都一模一樣，所以壓根沒有想過她說的會是謊話。

但是下一步才是眞正的問題。因爲對京珍作出的處分，將會影響她的人生，以及她胎中小孩的生命。若考量她懷有身孕的狀況將她送回父母親身邊，因爲她已經表明自己想要墮胎，所以可以想見，將她送回家之後，她腹中小孩的未來。再加上京珍的情況並不適用《優生保健法》所允許的墮胎理由，如果我將她送回家，等同於是默認讓她去進行非法墮胎。這絕對不是法官的良心所允許的事。

然而，爲了要保全胎兒生命而作出將京珍送到少年院生活兩年的十號處分的話，京珍就要生下一個自己不想要、也沒受到祝福的小孩，這可能會讓那個小孩的未來人生變得十分殘酷。如果我是京珍的父親，我能夠乖乖接受這個讓十七歲未成年女兒變成未婚媽媽的處分嗎？這我也沒有自信能夠回答。父親的心境與法官的良心不斷產生衝突的情況下，審理的日期也慢慢逼近了。

八月的某一天，進行了京珍與共犯朋友們的審理。對於共犯們的處分，根據他們的犯罪嚴重程度，我毫不苦惱地分別作出了在少年院生活六個月的九號處分以及在少年院生活兩年的十號處分。而那些孩子不知道是否早已經預料到自己的處分結果，對此並沒有表達不滿，接下來輪到京珍了。若以京珍的犯行嚴重程度來看，與共犯們一樣處以十號處分也不為過。若不是因為腹中胎兒的問題，我早就作出十號處分的決定了。但是如果處以十號處分，京珍就必須要在少年院度過孕婦生活，並且進行生產，這點成了很大的絆腳石。就我的職責而言，我不能因此隨意減輕她的處分。因為這樣對其他共犯而言不僅會失去公平、公正，也會奪走胎兒珍貴的性命。在一陣苦思之後，我對京珍作出十號處分的判決結果。我應該作出公平裁判的法官良心，以及必須守護那已經在懷裡、比任何事物都珍貴的小生命，都是我做出這個決定的原因。原以為自己如實回答所有問題就會被送回家的京珍，在聽到自己被處以十號處分時，開始放聲大哭。雖然我心中湧現了遺憾與憐憫的情緒，但我也不能做些什麼。據說京珍在離開少年法庭後，奮力抗議地說：「我都據實以告了，爲什麼還要把我送去少年院？」還說了許多辱罵我的話。不服裁定結果的京珍對二審法院提出抗告（等同於一般刑事事件的上訴），但被駁回了。

雖然是個根據法官良心所作出的決定，但是京珍在法庭上放聲大哭的模樣就此深植在我的腦中。在那之後，只要一想起京珍，就會感到心煩而無法好好睡覺。因爲這樣的想法一直停留在我腦海中：雖然我拯救了一個即將出世的小孩，但是否毀掉了另一個正值花樣年華的少女的人生呢？

不久之後，京珍的弟弟因爲犯行而出現在少年法庭。剛好我也對京珍的近況感到好奇，便詢問了一同出席的京珍父親，父親表示京珍狀況已漸漸安穩了，過得很好。聽完京珍父親的回答，我心裡也舒坦了不少。

時間來到十一月上旬，京珍所在的安養少年院主動與我聯繫。因爲京珍的預產期快到了，爲了讓她待產，他們希望我可以變更她的保護處分。接到那通電話時，原本平靜的情緒又再次開始有了起伏。一方面好奇京珍會以什麼樣的模樣出現，一方面又擔心她會哭，並在法庭上表達對我的不滿。

幾天後，我在法庭上見到了京珍。她的肚子隆起得更加明顯，身形也像個臨盆的孕婦，變得豐腴許多。所幸京珍與上次審判時不同，表情看起來明朗許多。我認爲，比起當天直接讓她回家，給她一些與自己相處的時間，似乎是更好的選擇。所以我先取消了原本的十號處分，在不作出新處分的情況下，將她臨時委託給釜山少年分類審查院一週。

一週以後，再度來到進行京珍審理的日子。因爲懷孕大肚子的京珍冷得發抖，我便向其他早已進到法庭中的青少年與家屬取得諒解，調整了審理順序，讓京珍的審判提前進行。

「京珍，你很討厭法官吧？」

「一開始的確是，但是現在不會了。」

「不要說謊，我知道你都在外面到處罵我。」

被我這麼一說，京珍出現了愧疚表情，有些支支吾吾。

「你能體會法官我的心情嗎？因爲你，我覺得很傷心，我到現在都還是難以入睡。」

京珍沉默而不答。

因爲公設輔佐人遞交了京珍在少年分類審查院期間撰寫給胎兒的書信，我便要京珍在法庭上親自朗讀。

「小寶寶呀……你好……我是你的媽媽……嗚……」

朗讀著書信的京珍，還沒能念完第一句就開始哭了起來。這一哭，便一發不可收拾，難以止住淚水。京珍一邊哽咽一邊將信件念完，等到她冷靜下來、不再哭泣時，我向她問道。

「肚子裡的孩子，你打算怎麼處理呢？」

「我要讓別人收養。」

因爲是早已猜測到的答案，所以我沒多說什麼，只是將我預先準備好的紗布肚衣給了她，然後說：「這是紗布肚衣，小孩剛出生時穿的衣服。你可以討厭我這個法官，但是不能因此影響到胎教。在小孩出生之前，要先消除自己不滿的情緒，用良善的心情專注在胎教上。如果你希望自己的小孩幸福，就要好好地進行胎教。如果肚子裡的小孩出了什麼問題，那麼單純想要領養小孩的那些人，他們的人生會怎麼樣呢？還有小孩的人生又會變成什麼樣呢？如果小孩出了什麼事，你的心裡也會不好受。我在審判時，見過許多不好的例子。剩下的時間，你要好好地進行胎教，讓肚子裡的小孩還有要領養他的人都可以過得幸福，知道嗎？還有，有時間的話就來找我，我請你吃飯吧！」

接著，我便對京珍作出以兩年保護觀察爲條件、將她委託給監護人的處分。不知道是不是因爲京珍不曉得何爲紗布肚衣，所以她露出呆愣愣的表情，不過收下我給的紙袋後，便笑著離開法庭了。這是個基於法官良心所下的決定，但是作爲一位父親的心情，我實在沒有得以解套的方法，所以選了一個小小的禮物。看著京珍開心收下禮物的樣子，我也感到欣慰。隔日，就是我與京珍、京珍父親三人一同吃飯的那天。

年僅十七歲就成爲未婚媽媽，且在孩子一出生就必須將孩子送養的京珍，以及對這樣的女兒又憎又憐，仍舊不斷往她嘴裡餵食生菜包肉的父親，還有對他們作出算是殘忍判決結果的法官。這個看似陌生又尷尬的用餐景象，就在時間流逝與交談之間，從一開始尷尬且沉重的氛圍，漸漸變得自然許多。京珍在吃飯過程中，好幾次用手擦拭自己的眼淚。京珍與京珍父親似乎都沒有非常怨恨我的樣子。就如同京珍在信中提到的一樣，隨著胎兒愈長愈大，她體會到生命的寶貴，也萌生了爲人母的心態。

用餐結束以後，回到辦公室的我，打了電話到羅騰之家[7]，拜託他們

7 譯註：社會福利機構。

在京珍臨盆前照顧她。羅騰之家欣然接受我的請託，還到辦公室接京珍。看著跟我道別，且帶著爽朗氣色離開辦公室的京珍，我感到十分放心；但另一方面，一想到她再過不久就要經歷與親生孩子分開的苦楚，心裡也甚是難過。我想，京珍的審判可能會成爲我法官生活中，久久無法忘懷的一次經驗。

不是的，是我們對不起你

我在少年法庭所遇到的孩子們之中，有許多孩子格外懂事。「非行少年很懂事」像是一句前後矛盾的話，但是如果抹去對這些孩子們的刻板印象，就能看到孩子們隱藏在「非行少年」標籤背後的悲傷，以及稚嫩的心。非行少年們看起來比同齡者們早熟，似乎也是因爲歷經風霜，所以必須及早成長，對此我感到十分難過。慧秀也是其中一個例子。

十六歲的慧秀雖然父母健在，但卻曾與國小六年級的弟弟一起在孤兒院生活過幾年。慧秀的父親是一位船員，每次要出海之前，他就會把租屋處退租，等到工作回來再重新尋覓租屋處，反覆過著漂泊的生活；慧秀的母親在十七歲就生下慧秀，她在慧秀中學二年級的時候離開家裡，也沒告訴家中任何人自己在哪裡，就這樣各自生活。

得不到父母的保護而且過著不安定生活的慧秀，在中學二年級時輟學後，踏上了偏差之路。沒有住處的她，自然而然地與相同處境的孩子們混在一起，過著亂七八糟的生活，慧秀的身體也因此變得很糟，除了大量的飲酒與吸菸，她還曾經被他人強暴，身體狀態根本就難以維持「正常」。不知道是不是因爲當時的打擊，聽說慧秀會習慣性地做出用菸頭燙自己身體，或是用刀劃傷自己等自殘行爲，她也曾經從屋頂上跳下來，試圖自殺。

後來，慧秀與弟弟以及朋友們因爲共同犯下了竊盜罪等十多件罪行，而被處以少年保護處分。但是慧秀因爲違反了保護處分的遵守事項，必須重新接受處分，所以被委託在少年分類審查院。而在少年分類審查院的期間，慧秀才發現自己染上了很嚴重的性病。進行處分變更這件事，反而對慧秀來說是個幫助。

針對慧秀的保護處分變更申請的審理開始了。公設輔佐人遞交了自己對於慧秀的意見。

尊敬的法官大人：

慧秀的母親年紀輕輕就生下了慧秀。慧秀說她放棄了學校，也一定要向選擇生下自己的母親說一聲道歉以及謝謝。慧秀因為家裡的緣故，曾經與弟弟一起在孤兒院裡生活，慧秀在那裡受到了許多傷害。她曾經想過要逃跑，年紀輕輕就想要自殺，她覺得所有人都很可怕，她也很討厭大家。但是，這樣的她為了弟弟忍受了三年，可以想見她對弟弟的愛是非常特別的。

法官大人，慧秀的弟弟對慧秀而言，是個既像父親又像男朋友的人。但是，那位才國小六年級的弟弟會抽菸、喝酒、騎機車，還會毆打其他小孩。慧秀覺得弟弟是因為看到自己抽菸、喝酒、騎機車的樣子，才會跟著有樣學樣，所以心中非常難過。對於沒有父母親的弟弟而言，她自己也沒能成為代替父母的角色，所以她非常自責，她也很擔心弟弟會變得跟自己一樣。

尊敬的法官大人，慧秀染上了小小年紀不該染上的疾病。她一聽到必須要進行手術，對未來感到十分渺茫，也哭了很久。她不僅對父母親以及親愛的弟弟感到抱歉，她也想要對法官說聲對不起。她每天都承受著罪惡感，也認為自己非常可憐，甚至時常覺得自己根本是個不該出生的孩子。

法官大人，慧秀現在的願望，是希望一家四口可以聚在一起吃一頓飯。如此簡單的願望，請您不能忽視。因此，我懇切地請求您從輕處分，讓慧秀能夠再次懷抱著希望活下去。

公設輔佐人的辯護內容中，完整流露出小小年紀的慧秀難以承擔又費力的人生苦楚。

我詢問慧秀：「慧秀，你的身體狀況如何呢？」

「法官大人，眞的很抱歉，我的身體狀況很不好。」

「你與母親聯絡上了嗎？」

「沒有，她一次也沒來過。我覺得她應該是太忙所以不能來，但也想過她說不定放棄我了。」

聽著我們對話的公設辯護人開口說：

「法官大人，慧秀說她把想對父母親說的話寫在信紙上帶來了。」

於是，我便要慧秀朗讀自己所寫的信。或許是因爲情緒湧現，慧秀用哽咽的聲音讀著信件內容。看著慧秀的樣子，一旁的公設輔佐人與旁聽者也止不住淚水哭了起來。

親愛的媽媽：

您過得好嗎？我生性開朗管在哪裡都能很快適應，所以您不需要擔心我。

我有話想對您說。這真的是因為我沒有好好看照自己的身體才會發生的事情，雖然我自己說出口有些難為情，不管您是要罵我還是要對我做什麼，我似乎都必須告訴您。因為我們都是女人，我相信您會理解我，所以才告訴您。媽媽，我得了性病。我知道媽媽您要說些什麼，但是比起媽媽您，我才是那個更傷心、更痛苦的人。媽媽，他們說我必須接受手術，我覺得又害怕又痛苦。就算您要說我是瘋女人，也沒有關係。不過就算要罵我，也等我進行治療之後再罵我吧！我好討厭這樣的日子。媽媽，雖然是因為我在外面徘徊遊蕩才會讓自己變

成這樣，但也請您原諒我吧！我真的很對不起媽媽。媽媽，對不起，我愛你。

親愛的爸爸：

爸爸，您好嗎？我是最愛您的女兒，慧秀。

爸爸您工作很辛苦吧？每次看到爸爸您沒有好好吃飯，也沒能安穩睡覺的樣子，即便表面上沒有顯露出來，但我的內心一直在哭泣。小時候，我覺得爸爸您很可怕，我要笑著跟您聊天，是件很難的事情，而且因為您會打媽媽，所以比起跟您住在一起，我其實更想跟媽媽住。我曾經一氣之下說出要您離婚的話，我很抱歉。我想，當時的您從女兒口中聽到那樣的話，一定很受傷，我也無話狡辯。看看我自己，現在真的變得這麼糟糕，就覺得未來非常渺茫。我都讓爸爸您看到不好的那一面。爸爸，七月十日來找我的話，我會請您吃一頓飯，我想與您單獨吃一頓飯。爸爸，我出生之後就沒說過的話，現在就告訴您：我愛您，還有謝謝您。

讀完信以後，慧秀又開始邊哭邊說：「法官大人，對不起。」慧秀寫給我的信裡，也有許多抱歉的話語，一直反覆聽著「對不起」，令人感到可憐又心疼。

「有那麼多事要道歉嗎？毫無責任感的父母親把你生下來，並不是你的錯……懷抱許多夢想的少女，唯一的願望，只是要全家人聚在一起吃飯，連這點小願望都無法爲你辦到的父母，你卻也不埋怨，心腸這麼軟的你究竟何罪之有？該道歉的人不是你，反而是我們這些大人，應該是我們要向你道歉。孤單的你在外徘徊時，我們沒能對你說一句溫暖的話；年紀輕輕的你痛苦到想要尋死的時候，我們沒有向你伸出援手；我們也沒有給予你一個好的環境……」

我用一種代替所有大人謝罪的心情，用顫抖的聲音向慧秀這麼說。

「不是的，慧秀，是我們對不起你。」

因爲我的這一番話，引起法庭內一陣騷動。在法庭上的所有人爲了要確認剛才法官對著非行少年，嚴正一點來說，應該算是對著犯罪青少年說了對不起，這究竟是錯覺還是事實，各個面面相覷，無法掩飾他們的訝異。

先不管他們的反應，我作出了以兩年的保護觀察爲條件，將慧秀交給父親照護的處分。看著依舊流著淚、離開法庭的慧秀背影，我在心裡祈禱著。

「慧秀，祈禱你早日康復。」

法官，我一定不會回報您的恩惠

非行少年是社會上的透明人。因爲即便他們確實存在，也不會有人關心這些孩子。只有在案件發生的時候，這些孩子才會有存在感。大衆平常不會知道他們的存在，但是只要爆出轟動的案件，社會上所有尖銳的視線都會聚焦在非行少年身上。而這些視線沒有一絲好意。很少人會去思考這些青少年在犯案以前過著什麼樣的生活，或是他們未來的生活會怎麼樣。

未滿二十歲的孩子們，爲什麼總是犯下如此殘忍的罪行呢？那是因爲他們忙著生存，而無法學習其他東西。同理心，是人類在一段關係中所學習到的能力。因爲父母親一天二十四小時都忙於生計而獨自成長的孩子們，無法知道自己的言行會如何被他人解讀，也不知道那樣的言行會產生什麼樣的效果。受虐長大的孩子們，甚至沒有機會去培養體諒他人的品行。學校是個擴大運用自己在家庭中所學習到的社會性、關係能力的地方，但是如果一個孩子在家庭中學不到任何東西，那麼他的校園生活也不可能多順遂。

我的媽媽是位酒精中毒者。二姐會打包學校營養午餐，帶回家給媽媽吃。媽媽喝醉酒倒在路邊的時候，二姐也會把她帶回家。爸爸媽媽每天吵架，妹妹則是被別人領養了。爸爸討厭媽媽，所以每天都待在網咖生活，就像是遊戲中毒了一樣。國小三年級的時候，我實在是受不了了，所以嘗試要自殺。

這是一位因爲傷害罪而接受審判的青少年在調查報告中所寫下的故事。雖然只短短地記錄這位青少年與家人們的生活，但光是這簡短的報告書，就可以想像他的生活多麼困苦。不久前，有位住在昌寧的國小學童，他爲了躲避母親與繼父的虐待，從住宅四樓的欄杆爬到隔壁鄰居家以後，光腳逃了出來。有許多青少年都和這個孩子一樣，爲了躲避父母的虐待以及家庭失和的狀況，如逃亡一般離開家後，便在街頭徘徊，每年的人數大約有二十到三十萬人。其中百分之三十的人可以獲得青少年庇護所等相關機構的照護，但剩餘的百分之七十都是流落街頭的狀態。這些被迫流落街頭的孩子們，爲了要生存，不得不做出危險的選擇。

這些被學校及社會所排擠的孩子們，只能與相同處境的同齡者待在一起了。最後，他們便成群結隊，並用盡力氣維持彼此之間的關係。但是，大部分能夠維持彼此關係的都是與自己相同水準的孩子。他們的言詞與行爲都非常暴力，這也使得他們之間所形成的關係更加暴力。孩子們爲了不讓唯一的朋友被搶走，會毫不猶豫地使用暴力；爲了不讓朋友失望，不惜去做援助交際。雖然用一般思維很難理解他們的行爲，但是這些孩子不想也被排除在非行少年的群體之外，這種迫切感與孤單便造就了他們後續的行動。

青少年的偏差行爲與家庭環境有著密切關聯，這是衆所皆知的事實。卽便如此，接受少年法庭審理的「保護少年」卻不如其名，無法受到任何保護。原因在於，既不能將這些青少年送回充滿放縱、虐待的家庭，國家所提供的機構或社會所給予的幫助也根本不敷使用。如此一來，解決方法只有一個：爲這些孩子創造一個家。這個具體的想法是我在釜山地方法院家庭分院（現爲釜山家庭法院）工作時所想到的。某一天，跟我在同一個辦公室、當時負責少年事件的法官——權寧文法官在翻閱少年事件紀錄時，被其中的內容震懾住了，並將那個案件告訴了我。

一位少女在慶尚南道海邊的俗稱「買票茶屋」[8]的地方工作，但她實在無法忍受下去了，便打電話給當時據說是「非行少年教母」的趙春子委員求救，希望對方可以救救自己。趙委員便與自己熟識的年輕人們從釜山搭著巴士來到了少女工作的地方，同行的年輕人假裝成客人，打電話到買票茶屋，請他們派少女過來汽車旅館。少女一到汽車旅館，這些年輕人便像電影場面一般，甩開那些監視著少女的人們，再將少女帶回釜山。

冒著危險拯救少女的故事，帶給了我很大的震撼。這個故事也成了我與權法官、趙委員一同見面的契機。趙委員擔任了三十多年的委託保護委員[9]，她將失去雙親、挨餓的孩子們帶回家，供他們吃飯、睡覺，並為他們尋找學校與工作。那些孩子在趙委員的羽翼之下得以脫離偏差之路，並成為優秀的社會人士。我也因此看到了共同生活家庭，也就是「團體家屋」

的可能性。

時間來到幾年後的二〇一〇年二月，我到昌原地方法院赴任以後，爲了讓大衆知道「司法型態團體家屋（青少年恢復中心）」[10]設置的必要性，我開始走訪、說服那些懷有抱負的人士們。我對於國家與社會沒有任何作爲感到十分納悶，不了解其中情況的話，我可能就不會在意，但我既然都知道了，實在無法袖手旁觀。在許多人的協助與奉獻之下，終於在二〇一〇年十一月成立了昌原第一個團體家屋。我當時的感觸實在難以用言語形容。那些如同在藤蔓上孤單的小黃瓜一般、沒有地方安置身心的孩

8 譯註：類似台灣的摸摸茶。

9 譯註：如同台灣之委託監護人。非行少年的父母親雖然健在，但是無法給予實質照護或保護的情況下，會由委託保護委員擔任起監護者的角色。

10 譯註：功能上類似台灣的兒童及青少年安置及教養機構。

子們，我們終於建立了一個足以支持、協助他們的地方，我的內心感到無比踏實。在那之後，其他青少年恢復中心也陸續成立了。這些青少年在青少年恢復中心生活以後，原先高達百分之七十的再犯率，降到了百分之二十至三十。

照顧一個非親生小孩，甚至還是個非行少年，這並不是一般人的心理素質可以做到的事情。一個青少年在最需要某個人的關注與照顧的時期，卻被那個人拋棄，青少年因而生病、走上歧路後，要再讓他們好好地成長，並不是簡單的事。青少年恢復中心的負責人們表示，因爲時常面對惹麻煩的青少年，每天都會傷心、崩潰數十次。

我偶爾在休假時會接到恢復中心負責人的電話，在對方未開口前，心裡都會浮現「啊！孩子們又惹麻煩了！」的想法。當負責人訴苦似的，緩緩開口說：「法官……」我就會刻意提高嗓門，說：「怎麼了？是誰？是誰不聽話？請把電話給他。」搶先一步說話。那個孩子接過電話後，我喝斥了一聲：「你這傢伙！」然後說：「你如果沒有乖乖聽從主任的話，就準備去少年院吧！」狠狠地教訓他一頓。就這樣不停地斥責、大聲嚷嚷了好一陣子，不僅我的喉嚨很痛，作爲法官的顏面也盡失了。但是對於那些辛苦照料非行少年的人們而言，我能做的也只有這些，所以我每次都毫不猶豫地接起電話。

「法官大人，再這樣的話，我眞的不用活了。」

接到關懷中心[11]主任打來的電話，我的心整個沉了下來。我想大概又是哪個孩子闖了大禍了。果然不出我所料，這次是亨俊又再度逃離中心的消息。十八歲的亨俊左眼已經是失明的狀態，右眼也幾乎看不到了。與離

11 譯註：青少年恢復中心之名稱。

了婚的媽媽一起生活、從小因爲身心障礙而時常被嘲笑的他，心中傷痕累累。不知道是不是因爲這樣，亨俊光是因爲偷竊被指控的紀錄就有九次。其中四次以緩起訴處分作結，但是亨俊並沒有因此罷手，仍舊繼續慣竊的行爲。若考量他的犯行內容與再犯可能性，我必須將他送到少年院，但是一想到他的身心障礙會造成他團體生活的困難度，我便動搖了。

當時，在我陷入苦思時，關懷中心的一位老師發現了亨俊，開心地與他打招呼。「法官，亨俊小時候曾經來過我的傳教會。」亨俊也認出了那位老師。老師對於亨俊所處的狀況感到非常惋惜，並告訴我，如果將亨俊交給他的話，他會好好指導亨俊。我以一種欣喜且感謝的心情作出了處分，給予亨俊叮嚀以後，便以社會服務以及保護觀察爲條件，將亨俊委託給關懷中心進行監護。然而，即便給予了特別關心與指導，亨俊在那之後依然從關懷中心逃離了好幾次，不但讓老師焦急如焚，也讓我憂心不已。

然而，我們後來才知道原來亨俊逃離關懷中心的理由，是因爲在進行社會服務過程中被他人嘲弄是身心障礙者，或是因爲眼睛看不清楚而犯錯所以被罵，心裡因此不好受。我因爲心疼亨俊，曾找他來過辦公室兩次，教訓他的同時也給予他安慰。

「亨俊，即便因爲身心障礙的緣故被他人嘲笑或是不小心犯錯，也要堅強地在關懷中心好好生活。你如果從關懷中心逃走了，不就只能再去犯罪嗎？所以，見到他人的時候不要覺得害羞，先將你的狀況老實說出來。那樣的話，其他人也會體諒、幫助你。你的心就是斬斷犯罪行爲的最佳方法，所以要努力強化自己的力量。」

沒想到亨俊還是又從關懷中心逃跑了，我心裡感到十分失望，不過幸好他很快地又回到了關懷中心。總是令人著急的亨俊，不久之後便與關懷中心的主任一同來辦公室拜訪。看著經歷各種波折後，順利從高中畢業並帶著開朗表情坐著的亨俊，原本因爲這孩子心急如焚的各種記憶瞬間風吹雲散，反而覺得這孩子令人感到驕傲。交談了一會兒之後，正當我站起來準備爲他們送行時，亨俊突然用顫抖的聲音說：「法官，請您抱抱我吧！」我馬上一把抱住了亨俊。亨俊縮了縮身體，用微弱的聲音吞吞吐吐地說：「法官，我一定不會回報您的恩惠。」他因爲太緊張而說錯話了呢。不知道是不是因爲他發現自己說錯話，耳朵一下子就漲紅，看著亨俊的模樣，我似乎馬上就感受到他那純真的心了。我懷抱著感恩又美好的心情，再次抱緊亨俊，在心裡面這麼說：

「亨俊，你可以不用向我報恩，你該報恩的是其他人。千萬不要忘記焦急爲你祈禱、照顧你的中心主任跟老師的恩惠。如果還是想要回報些什麼給我的話，就成爲一個成熟的人，幸福地生活，那就是報答我的方式。」

因爲二〇一六年青少年福利法的修訂，青少年恢復中心成爲了「青少年福利服務機構」，是國家認證的正式機構。有人將那次修訂的法律稱爲「千宗湖法」。隔年，也就是二〇一七年的中秋，發生了如奇蹟般的事情。因爲各個中心委管的一百七十多名孩童在十天連假期間都回家過節，最後沒人逃跑、全數都回到了中心。最重要的是，在恢復中心生活的六個月期間，青少年的再犯率是零。這也是因爲有溫暖的關懷，才得以實現的事。截至二〇二〇年十二月，全國的青少年恢復中心已增加至二十一所。收容的人數，幾乎是小型少年院的兩倍。只要有負責任的成年人所給予的關懷與支持，青少年恢復中心就能成爲協助更多青少年脫離犯罪之路的橋梁。

請讓我叫您一聲媽媽

這世界有跟「媽媽」一樣溫暖的話語嗎？擁抱著來到這世界上稚嫩、脆弱生命的第一道溫暖，正是媽媽。對孩子們而言，媽媽是個隨喊隨到的全能問題專家，也是可以依靠的對象，更是感到疲憊時想要投入的溫暖懷抱。然而，許多站在少年法庭的孩子，打從一開始就無法體會父母的珍貴，尤其是媽媽的愛。對那些孩子而言，沒有人會在他們犯錯時，毫無條件地伸出雙手擁抱他們。

不想見到媽媽的原因：

1. 因為她拋棄我們離開了。
2. 對我而言已經是不需要的存在。
3. 現在已經不想見到她了。
4. 即便現在回來，假裝對我很好、要照顧我，也已經太遲了。
5. 姐姐早就把媽媽給忘了，如果只有我跟媽媽保持連絡，會很奇怪。
6. 我想忘記她。
7. 她拋棄我們、離開我們的回憶，帶給我一輩子都無法抹滅的傷口。

這是一位少年所寫的內容。編上編號、一直往下寫的文字裡頭，似乎反而矛盾地表達出他對媽媽的思念，令人看了十分難過。某位精神科醫師曾經說過，對母親的深刻思念以及對無法饒恕的人的憤怒，即便過了很多年也不會消逝。因爲在所有記憶中，溫暖與柔和、害怕與憤怒等情感相關的記憶，會被儲存爲最堅韌的「情緒記憶」。非行少年也如同金龍澤詩人所說的，必須要「吃掉媽媽的乳房」才能長大。如果要讓孩子們的心態恢復正常，就必須要有個人能夠安撫他們彷徨受傷的心、充滿淚痕的心。雖然再怎麼努力都很難像親生母親一樣，但是會有個願意「把自己的乳房讓你吃掉」而奉獻的新媽媽。而且這個珍貴的關係，便會成爲少年們人生中重要的轉捩點。

相俊因爲恐嚇罪等罪行而進行了審理，最後委託給平安青少年恢復中心。相俊雖父母健在，但是父母親在他三歲時離了婚，他與母親目前是斷聯的狀態。因爲父親再婚的緣故，是由奶奶將相俊扶養長大。不過，因爲奶奶不久前也過世了，沒人照顧的他便開始在恢復中心生活。一開始相俊有著很嚴重的情緒障礙，比方說他會打斷別人交談，像個故障的收音機一樣不停地發出聲音；或是緊跟在他人身邊，插手每件事，讓人感到心煩意亂。他會自言自語好幾個小時，如果有人想要開口說話，他總是會說：「哎呀，請聽我說話。」讓對方閉上嘴巴。

如此散漫又情緒不穩的相俊，在稱呼中心主任的夫人為「媽媽」、產生感情以後，漸漸產生了變化。大部分來到青少年恢復中心的孩子們，在還未熟悉恢復中心的生活以前，都是無法敞開心胸、保持距離感的狀態。因為那是個陌生的空間、陌生的人們，所以孩子們會保持警戒。但是相俊卻很不一樣，雖然他來到恢復中心的時間不長，卻立刻稱呼主任的夫人為「媽媽」，並且主動接近她。因為相俊情緒非常不穩定，原本就是個難以捉摸的孩子，卻毫無來由地稱呼主任夫人為「媽媽」，主任夫人非常好奇他的意圖是什麼。所以她並沒有馬上給予回應，且為了要試探相俊的想法，她故意這麼說：「我為什麼是你媽媽？我是老師吧！」

話一說完，相俊真誠地開口說：

「我從來沒有叫過一聲『媽媽』，所以請讓我叫老師您一聲媽媽吧！」

雖然說是請託，但據說主任夫人因爲相俊如此直接的話語，愣了一會兒，呆呆站在原地。大概是很難決定該怎麼做才好吧！然而，如此深情的「媽媽」一詞，成爲了決定毫無血緣關係的相俊與主任夫人之間的溫暖單字。

生平第一次擁有媽媽的相俊，在主任夫婦兩人的細心照顧下，迅速地治癒了心中的傷口，也回到學校努力生活。志工們看到相俊，都會不約而同地問：「他就是那個當時話很多的孩子嗎？怎麼變成現在這個樣子的呢？」對於相俊的變化瞠目結舌。

不知道是不是母子稱謂所產生的緣分，主任夫婦照顧相俊，比照顧親生兒子還要用心。甚至連相俊的住處，都從恢復中心換到了主任夫婦的家。因爲如此特別的愛，使得相俊與主任夫婦的關係，深厚得如同親生母子一般。因此，他們之間也有許多有趣的故事。

有一天，相俊放學後，帶了兩位同學一起回家，並向他們介紹主任夫人是「我媽媽」。當時，主任夫人的親生女兒也在場。早已知道相俊沒有姐姐的兩位同學感到十分驚訝，相俊卻自然地回答：「嗯，我媽媽再婚，所以我有了姐姐。」如實相信了這番說法的兩位同學，對於主任夫人是相俊親生母親的事情，沒有絲毫懷疑，並在家中玩了一會兒才離開。在同學們離開以後，相俊向主任夫人乞求原諒，說：

「媽媽，不好意思讓您又結了一次婚！」

相俊是個聰明有趣的孩子，但是其實他曾經被親生母親傷害過兩次。第一次是三歲與媽媽分開以後，媽媽從來沒有找過相俊；第二次則是在相俊來到恢復中心不久以後才發生的事。

剛到恢復中心時，相俊得知了親生母親的電話號碼，便懷抱著激動的心情打了電話。雖然相俊只是想要聽聽媽媽的聲音，但是電話的另一頭，傳來的卻是要他別再打來的冷淡回應。因爲已經擁有另一個新家庭的親生母親想要忘卻相俊的存在。雖然相俊心裡十分受傷，但是比起受傷的感覺，對母親的思念更深的他，隔天又打了一次電話。但是電話那頭僅傳來冰冷冷的機器聲響——「您播的電話是空號」，而非媽媽的聲音。相俊的親生母親因爲害怕相俊又打電話來，所以乾脆把電話號碼停掉了。

當時，相俊一邊哭一邊對著院長夫人這麼說。

「但我還是想要見我媽媽……就算是站在遠處，我也想看看我媽媽長什麼樣子……」

了解相俊悲傷心情的主任夫人，因爲憐憫這年幼的心靈，便拍拍相俊的背，說：「沒關係，我就是你的媽媽呀，你就是我用盡力氣生出來的小孩。」

相俊在履行了一年的保護處分期間後，依舊留在恢復中心裡生活。因爲他仍舊聯絡不上親生母親，而再婚的父親也不希望相俊回到自己身邊，所以沒有其他更適合的地方可以去。相俊就讀了文科高中，且在學校擔任糾察隊長，認眞地過著學校生活。

昌原地方法院曾經邀請郭景澤導演在大會議室中，以「朋友，暴力是不對的」爲主題進行預防校園暴力的演講。會議室裡擠滿了各個中心的青少年以及賓客們。就連臨時搬來的椅子都不夠大家坐，導致晚到的人必須要站在後面聆聽演講，而我在那裡看見了中心主任與相俊兩人小聲爭執的場面。

「兒子！兒子！來這邊坐吧！站著腳會痠！」

坐在椅子上的主任夫人佔好了一旁的座位後，不斷向相俊招手示意。已經進入青春期的相俊，意識到周遭的目光，似乎受不了依舊把自己當作小孩子對待的主任夫人，用微帶不滿的聲音回答道。

「不用啦，媽媽你坐著就好，好丟臉。」

「哪裡丟臉？這個時間有點長，你腳會不舒服……」

對於相俊站著聽演講的事情十分在意的主任夫人，仍舊不停地揮手示意，而相俊則是不耐煩地說著：「啊～不用～啊，好丟臉，你別再揮手了。」兩人展現出青春期小孩與母親之間時常上演的劇碼，似乎就像真正的家人一樣。看著這個場面的我，眼裡也充滿了笑意。

相俊在主任夫婦無微不至的照顧下讀完高中，也上了大學。主任夫婦雖然不曾買超過十萬韓元的大衣給親生兒子，但為了不讓相俊落於人後，不惜花大錢為相俊買昂貴的羽絨外套。後來相俊到海軍服役，也順利退伍了。退伍之後，相俊因為沒有地方可去，且經濟狀況也還無法獨自在外生活，所以依舊與主任夫婦一起生活著。

新冠肺炎大流行的二〇二〇年三月，我曾拜訪了平安青少年恢復中心，剛好當時相俊也在那裡，我便熱情地擁抱了他。我看到相俊成為一位健壯且老實的青年，感動的心情瞬間湧現。如果當初沒有平安青少年恢復中心，相俊的人生可能會與現在截然不同，一想到這裡，便對主任夫婦的奉獻滿懷感激。

法官大人，請吃「參雞湯」

小時候的我們都很貧窮，我更是在極度貧困的環境中長大成人。我出生、成長的地方位於釜山最大的貧民窟，有許多木板屋林立。那些外形相似、彼此相連的房子之間有著如同蜘蛛網一般的小巷弄，而在那貧民窟裡的單間木板屋中，我家擠了九個人一起生活。因爲經濟狀況的關係，我無法自己準備便當，經常都是喝自來水果腹；當時，我也曾因爲交不出五百韓元的家長會費而沒去學校。雖然當時環境很辛苦，但是還是有善良的朋友，會在我曠課時來家裡找我；也有默默照顧學生、心思細膩的老師。因此，我才能撐過那段時光。

巴西足球選手比利回想自己的兒時回憶時曾說，他覺得貧窮可怕的原因並不是因為無法擁有，而是因為貧窮會讓「生存」變得令人害怕。也就是說，擔心和害怕的情緒甚至會吞噬掉生存的意志。這句話是對的。事實上，在不健全的家庭或是貧窮家庭中長大的孩子，許多都是帶著傷痕長大的孩子。這些傷痕對孩子們的人生帶來負面影響，並導致他們對社會產生憤怒之情，因此，周遭給予他們的關懷非常重要。就算只有一位給予溫暖關懷與支持的人，孩子們也可能會有所改變。

青春期稍縱即逝，所以在這短暫的時期結束前，必須要給予孩子們一些美好的回憶。就算那美好的回憶如螢火蟲的亮光一樣微小，對於那些被放任不管、孤獨生活的孩子們而言，或許也能成為照亮昏暗道路的美麗星光。

某天，我跟平常一樣從釜山出發，因爲交通阻塞而咕噥著，在經過昌原隧道以後，便往法院前進。協助青少年的青少年恢復中心「七日中心」，位在我上下班的路口。每次經過的時候，我都會將車速慢下來，想說或許可以看到孩子們在外頭的樣子，不過至今還不曾在路上看到中心裡的孩子們。然而，那天上班時我看到兩位孩子站在前方，於是開心地將車子靠邊停，按了喇叭，孩子們見到我便笑著向我跑來。

「你們要去哪？」

「我們要去保護觀察所上課。」

話一說完，我便注意到其中一個孩子打開了手上拿著的塑膠餐盒蓋子。餐盒裡頭裝了兩個蒸地瓜，他把其中一個地瓜拿出來給我，然後說：

「法官，請您吃這個地瓜。」

「怎麼會有地瓜？」

「我們打算帶去保護觀察所，上課的時候可以吃。」

這些孩子們的心在不知不覺中變得從容、懂得與他人分享，瞬間令我感到一陣心酸而語塞。

「我會好好享用，謝謝！」

和孩子們分開之後，我進到辦公室，告訴主任這個地瓜的來處，並跟他一起分享。雖然很感謝孩子們的心意，但一想到他們兩人只能分食一個地瓜，就有點難以下嚥。所以，爲了報答他們與我分享地瓜的善意，我決定要請他們吃晚餐。

那天，我便到七日中心，將其他也在七日中心生活的五位孩子一起帶到百貨公司裡的餐廳。一進到餐廳裡，有位孩子便說：「我第一次來這種餐廳。」好奇地四處東張西望。同時，其他孩子們也異口同聲地說：「我也是！我也是！」無法掩蓋他們心中的興奮之情。他們都是在貧苦的環境中成長的孩子，所以就連跟父母一起外食這種平凡的日常生活也不曾好好享受過。

用餐的時候，孩子們就跟同齡小孩一樣唧唧喳喳地聊天、大笑、互相捉弄，十分開心。看著他們的我，當然也感到非常愉快。似乎是因爲我們是以平凡的叔叔與孩子的姿態見面，而不是以決定處分的法官、等待處分結果的青少年的身分相見，所以才覺得更加愉快。

用餐結束後，我們走出餐廳準備道別時，有個孩子突然說了這樣的話。

「法官大人，今天是我有生以來得到最棒的招待。」

聽到那句話的瞬間，我感到一陣心痛。因爲對他人而言，那只是平凡的日常生活，但是對這個孩子而言，今天的晚餐卻像晚宴一樣盛大，這讓我再次體悟到，孩子們過去的生活有多麼艱難。

在那之後又過了幾天，下班的路上我突然想起這些孩子，想說順路去探望他們，就去了一趟七日中心。關懷中心裡有四位孩子與一名輔導員，我一開門走進去，孩子們便一窩蜂地上前詢問。

「法官大人，您吃晚餐了嗎？」

「還沒呢，我要回家再吃。」

「那我們來煮泡麵，請您吃完再走吧！」

不知道是不是因爲上次的餐廳經驗，孩子們感受到我的親切感，一直要我留下來吃晚餐。雖然明知道妻子已經準備好晚餐等著我，但我卻找不到其他理由拒絕，於是便順口說：「嗯，好吧！」然後便坐了下來。

我一坐下來，幾位孩子便急忙跑去廚房，一會兒功夫，就煮好泡麵端了出來。泡麵上頭還打了一顆漂亮的蛋。正當我準備拿起筷子時，孩子們突然用一副調皮的表情說：「法官大人，請吃參雞湯。」沒理解那是什麼意思的我，開口說：「嗯？參雞湯？」結果孩子們開始笑個不停，不知道在笑些什麼，最後才說：「三（參）養泡麵加顆雞蛋，就是參雞湯。」

又自個兒咯咯笑了起來。那個樣子就像是在取笑我「哎呀，法官您連這都不知道嗎？」於是，我也跟著一起大笑了起來。

這些孩子們即便想見家人，也無法隨心所欲地去見他們，看著他們煮給我的泡麵，湧現了一股心痛感。簌簌簌簌——因爲熱湯跟泛淚的眼眶，吃起泡麵有些困難，但我還是滿足地享用了整碗泡麵，吃得連湯都不剩。

「哇，太厲害了！我第一次吃到這麼好吃的參雞湯。」

我用了孩子們的梗，耍了嘴皮子。坐在旁邊看著這一切的孩子們，便像牡丹花盛開一般展開笑顏。

「這麼好吃的參雞湯怎麼可以吃免費的呢？這要付錢吧！你們要平分喔。」

接著，我便拿了一張五萬韓元的鈔票給孩子們，他們收下之後，都「哇！」發出開心的聲音。不過，我卻又因爲其中一個孩子的話語感到一陣鼻酸。

「法官大人，我今天第一次看到五萬元的鈔票。」

在那之後，我與孩子們的「施與受」依舊持續著。像是他們給了我泡菜，我就會帶著蛋糕去七日中心。雖然是小小的分享，但我認爲日常的回憶正是孩子們所需要的，所以似乎更盡心盡力去拜訪七日中心。

九年後的某一天，曾經煮參雞湯給我吃的其中一個孩子傳了訊息給我，告訴我他要結婚的消息。我實在是太開心了，開心到想要馬上衝去婚禮會場，但我擔心如果我出現的話，我與他的關係會揭露他過往的事情，說不定反而會讓他不知所措，於是便故意告訴他，婚禮當天我已經有約了，並詢問是否要送他花籃。果然不出所料，他說不需要送花籃給他。後來在他的小孩出生以後，我又收到了他的訊息：「父母的心情、法官的心情，似乎在我生了小孩、成爲父母後才體會到。」大概只有收過這類訊息的人才能夠理解我對這封訊息的感激之情。

我做得到，我可以做得很好

要讓非行少年脫離偏差之路，最好的方法就是給予他們希望。但是對於中輟學業又沒有學習技術教育的非行少年而言，要在貧瘠的人生條件下讓希望的種子萌芽，並不是件容易的事情。

伍尚在某個春天的晚上十二點，以凶器威脅便利商店店員，要對方把錢交出來。店員不斷拒絕給錢，然後在一位顧客進到便利商店時，伍尚就逃跑了。不過因爲監視器拍攝到的畫面，伍尙很快就被逮捕而移送到少年法庭。

伍尙坦承自己所有的犯行，公設輔佐人針對伍尙給予了下列的意見。

尊敬的法官大人：

伍尚的父母親在他國小二年級便分居了。父母分居以後，伍尚跟著父親一起生活，也在那時候毛髮開始脫落。後來症狀愈來愈嚴重，目前伍尚的頭髮、腋毛、眉毛、鼻毛都長不出來了。

雖然他用盡許多方式要治療無毛症，但是最後都徒勞無功。伍尚曾經買假髮來戴，但是因為很明顯，而且太熱會一直流汗等不便因素，所以現在已經不用了。他也嘗試過要去打工，但是因為假髮或是無毛症而不斷吃閉門羹。因為無毛症被嘲弄所以討厭上學的伍尚，在考完中學資格考試以後，便放棄了高中入學，然後生活到現在。

尊敬的法官大人，因為沒有人與伍尚說話，他經常一整天都沒說到半句話。他通常會在圖書館讀書，無事可做的時候就會為了籌措零用錢而撿拾廢紙回收。案件發生之前，姑姑向父親催繳房租，並告訴他如果不繳錢就搬出去。看到這一幕的伍尚壓力遽增。通常壓力大的時候，就會獨自喝酒解悶的伍尚，那天也為了紓解壓力喝了三瓶燒酒才回家。但是，比伍尚還晚回到家、也喝了酒的父親卻因為伍尚喝了酒而教訓他，伍尚一怒之下就拿著刀子奔出家門。

離開家的伍尚滿腦子都是「生活好困苦」、「好想放棄」的念頭，在街頭遊走的他突然浮現了要籌措房租錢繳給姑姑的念頭，所以才會在便利商店犯下強盜行為。幸好被害者沒有受到任何傷害。

伍尚的父親在建築工地工作，但是最近因為僱主所營運公司被跳票數千萬韓元，已經好幾個月沒有領到薪水，所以才無法支付房租。因為家中經濟狀況不好，再加上自己與手足的爭執而讓伍尚備感壓力，伍尚的父親因此對伍尚感到十分抱歉。伍尚的父親表示，因為公司狀況漸漸好轉，之後就會找尋住處獨立生活。他也決定要帶著難以正常融入社會生活與學校生活的伍尚一起到工地，教他木工的工作。看在這位父親的用心，懇切地拜託您再給伍尚最後一次機會。

「父親」與「木工」，對我而言是既親切又悲傷的兩個單詞。因爲我的父親一生從事木工工作，最後因爲患病而離開人世。

我因爲想起了自己的父親，於是向伍尚如此囑咐：

「伍尚，你要好好跟隨父親，從父親身上傳承所有技術。只要有一技之長，就沒人敢輕視你了。而且，只要你有優良的技術，無毛症就不會成爲你融入社會生活的阻礙。在你學會所有技能之前，絕對不能離開父親。那是你的希望，所以絕對不能放棄！」

接著，我又對伍尚說：

「伍尙，大喊十次『我做得到』吧！」

話一說完，伍尙跪了下來，一邊哭泣一邊清楚地大喊：

「我做得到，我可以做得很好！」

「我做得到，我可以做得很好！」

「我做得到，我可以做得很好！」

伍尙的嗓音隨著一次次地大喊，愈發低沉，變成了充滿自信的聲音。包括我在內的法庭上所有人，都感受到伍尙聲音所產生的深深共鳴。那天，在法庭上的人們都參與了伍尙的悲傷，也一起哭了起來。大家也都齊心希望伍尙以及伍尙父親未來能夠得到祝福。

不知道是不是上天聽到了大家的願望，不久之後伍尙身邊出現了一位如同父親般的導師。擔任伍尙案件公設輔佐人的巢穴青少年恢復中心主任對於伍尙的狀況無法袖手旁觀，所以便自願成爲伍尙的導師。在那之後，中心主任就會定期與伍尙見面，並且給予各種協助。

那年十二月，中心主任又與伍尙見面了。雖然距離審理日期已經過了五個月，伍尙的無毛症依然如故，生活環境也絲毫沒有好轉。對於伍尙的處境感到憐惜的中心主任鼓勵伍尙至國際金融高中特別班就讀，並在最後說：「伍尙，因爲你並沒有偏差性格……」

然而，伍尙卻突然斬釘截鐵地說：「我有偏差性格，所以很危險。」

對於這個回答感到訝異的中心主任，向伍尙詢問原因，伍尙便說：「中心主任，我最近也因爲沒錢，時常浮現想要惹出事端的想法，所以我有偏差性格。」一般而言，有偏差性格的人們都會盡力想要掩飾，但是伍尙卻與他人不同，直接將心裡的想法說了出來。中心主任因爲伍尙如此的態度而感動，便問他：「是嗎？那你覺得一個月有多少錢，你就不會惹事呢？」猶豫了一會兒的伍尙，最後羞澀地回答：「十萬。」中心主任想也沒想，便說：「好，那我每個月給你十萬元零用錢，不過你必須去讀高中、好好生活。」與伍尚定下了約定。

兩人約定好之後，中心主任便注意到伍尚寒酸的模樣，在寒冷冬季依舊穿著薄外套、戴著夏天網帽，還不斷吸著鼻涕。中心主任雖然很想直接帶他去買件溫暖的外套，但是卻沒辦法馬上行動。於是，中心主任先讓伍尚把辦公室裡的一包米背在肩上帶回去，並承諾他短時間內要再見一次面。

他們兩人分開以後，中心主任還是一直想到伍尚衣衫襤褸的樣子，心裡非常不好受。於是，中心主任再度與伍尚通了電話，並透過捐贈者的幫助，送給伍尚一件冬天外套與上衣，還有一頂可以遮住落髮兼具保暖功能的帽子。伍尚不知道是不是對意外的禮物感到難以置信，反覆詢問：「真的是要免費給我的嗎？」難掩雀躍的心情。

中心主任望著伍尚道謝後離去的背影，心裡也感到一陣暖意，他在心裡如此祈禱道。

「伍尚啊！只要你好好下定決心好好生活，隨時都可以遇到給予你幫助的人，所以一定要好好加油。那個曾在法庭上眞誠帶勁地大喊『我做得到，我可以做得很好！』的你，我會替你加油。下次一起去找製作假髮的師父，做一頂帥氣造型的假髮吧！」

因為法官的緣故，肚子再餓也忍了下來

少年刑事案件與一般刑事案件的程序不同，參與者的關係並非一次性的。一般刑事裁判過程中，法官的任務在宣告裁判結果後就結束了，對於後續的徒刑執行或是保護管束不能行使任何權限；但是負責少年刑事案件的法官，並不是給予非行少年適當的處分後，就能結束彼此之間的關係，還必須要監督處分的執行狀況，也有變更處分的權限，所以在處分執行結束以前，法官還是保有其權限。

決定處分以後，少年部法官的作爲也有可能對非行少年的矯正或福利提升有很大的影響。所以，法官決定處分以後，不能與非行少年斷了關係，要把握機會交流，並且嘗試去做任何可以幫助孩子正確成長的事情。

但是，法官無法與所有非行少年進行交流。因爲裁判結束以後，非行少年通常不會主動聯繫法官，而且如果沒有特別的契機，法官們也不會爲了要與非行少年交流而積極地去找他們每個人。大部分與非行少年進行交流的情況，都是因爲有特別的契機，像是非行少年先寫信給我，或是主動來找我。不過，生活在少年恢復中心或是少年院等委託安置機構的非行少年也是個例外，法官可以透過機構訪問，或是與委託安置的非行少年一起觀賞棒球比賽、歌劇等，依據個人的選擇，多少都能擁有與非行少年交流的時間。

我在負責少年保護處分事件的這段時間，也見過許多孩子們，像是通過大學考試而來找我的非行少年，也有遇到困難而來向我求助的非行少年，或是單純想見我而來找我的非行少年。

接下來，我要分享其中幾位非行少年的故事。

曾經在昌原地方法院接受我審理的非行少年，從昌原搭著巴士來到釜山找我。不過在我們聊天的時候，因爲非行少年的手緊抓著一個黑色塑膠袋，出於好奇，我便問了他塑膠袋裡裝了什麼。他用羞澀的表情將黑色塑膠袋打開，我看到塑膠袋裡裝了一個用鋁箔紙包裝的海苔飯捲以及一包香菸。那一瞬間，我覺得哭笑不得。

「你是怕我不請你吃午餐，所以自己買了海苔飯捲嗎？」因爲他支吾其詞，所以我又問了一遍。

「買飯捲跟香菸的錢是誰給的？該不會是偷來的吧？」

我這麼一說，非行少年十分有信心地說：

「不是的。奶奶給了我一萬元。扣除來回車票錢，再買一包香菸之後，剩下的錢只能買一條飯捲。」

孩子的回答令我有些揪心。這個孩子來到這裡見我，卻沒考慮過要讓我請客，也沒有打算厚著臉皮對我說：「法官，請您請我吃午餐。」一心只想著必須要自行解決午餐，所以買了一條海苔飯捲。我實在止不住自己的惻隱之心。雖然我很想要招待遠道而來的孩子吃一頓美味的午餐，但是因爲他突然來訪，又無法將他帶到原先安排好的午餐聚會，不得已只能讓他直接回家。取而代之的，我給了他一萬元，要他去吃一頓溫飽的午餐。原本想要再多給他一點錢，但他曾因爲吸食強力膠在醫療少年院住了六個月，我擔心給他太多錢的話，他會用在別的用途上，所以就只給了一萬元。

「孩子啊，謝謝你這段期間都沒有再犯，非常了不起。以後也要繼續保持下去。如果需要錢的話，記得一定要跟我聯絡。」

就這樣，我與那非行少年道別了。在那之後，我不時還是會想起他的臉龐，好奇他當時跟我分開後，有沒有好好去吃頓飯，也好奇他現在過得如何。未來如果有機會再見到他，我一定要招待他吃一頓美味的午餐。

再來是某年九月中旬的故事。那天早上，釜山法院大廳服務台打電話給我，說有一位叫作龍學的孩子來找我。雖然不記得他是誰，但還是先請服務台人員讓那孩子來我的辦公室。我在法庭上見過無數的青少年，不太可能記住他們所有人，不過我對這位來到辦公室的龍學，完全沒有任何印象。不僅對他的臉蛋覺得陌生，就連他何時、因爲什麼行爲而接受審理，還有他的家庭狀況，我全然想不起來。我不得已只好翻查審理時所寫下的筆記。

十九歲的龍學因爲竊盜罪等犯行接受過兩次的審理，第二次裁判時因爲繳交了精神疾病相關報告，所以被處以在醫療少年院生活六個月的七號處分。龍學的母親在龍學二歲時離了婚，目前是斷聯的狀態，龍學父親則是在一年前開始聯絡不上，裁判當時，龍學是在姑姑家生活。

「你什麼時候從少年院出來的？」

龍學用木訥的語氣回答：

「不久前出來的。」

「你來找我有什麼原因嗎？」

「不是的，法官您曾說如果有困難，可以隨時來找您。所以我才來這裡的。」

我連龍學是誰都記不起來，更不可能記得自己曾經說過「有困難可以隨時來找我」這句話。

「是嗎？我不記得自己說過那樣的話，不過我也不是故意的，你別介意。那麼你現在也住在姑姑家嗎？」

「沒有，我兩週前離開了姑姑家。姑姑她給了我信用卡，要我去跑腿，但我在過程中把信用卡弄丟了。因爲太害怕，所以不敢回家。」

「那麼你這段期間都在哪裡睡覺呢？」

「我在公園的板凳上睡覺。離開家裡的時候我身上有七萬元，已經全都花光了。」

聽到他在公園板凳露宿的話，我感到一陣鼻酸。幸好現在還不是太冷的季節，但是龍學的臉看到起來又冷又疲憊，似乎是在訴說著他這段時間的艱辛。

「是這樣啊？那你吃過早餐了嗎？」

「沒有，我已經餓了三天了。雖然肚子很餓，但是因爲法官您的關係，我沒有偷東西。」

因爲我的關係？龍學突然這麼說，我不解地詢問。

「爲什麼是因爲我呢？」

「我去到醫療少年院的時候，非常怨恨法官。我實在是太生氣了，所

以實在無法不恨你。不過我在那裡讀了您寫的書。讀完之後，我就在心裡對著法官發誓，我要重新做人。所以後來就在少年院裡認眞生活。從姑姑家離開之後，我用七萬元撐過了十天，沒錢之後就一直挨餓。但是我沒有偸東西，那都是因爲我對法官您的承諾。」

聽到龍學這麼說，心中瞬間感到一陣難過。對於他讀完我的書以後，便在心中立下誓約的想法，感到訝異；也對於他爲了遵守心中的承諾，寧可挨餓也沒偸東西的行爲感到驕傲。除此之外，我覺得龍學是個比任何人都有著單純、純潔之心的青少年。一個人卽便讀了數萬本書、背誦了句子，那又有什麼用呢？因爲用心閱讀，這個孩子才能有所改變吧！我認爲，如此用心閱讀的龍學十分了不起，也很可愛。

「龍學，那你今天來找我的理由是什麼呢？」

「法官，我沒有辦法再回到姑姑家了。我去找過當時負責調查我的警察官，但是他不在，所以我就來找您了。爲了來這邊，我連夜走了過來。

請法官幫我找一個我可以生活的安置中心（他指的是青少年恢復中心），拜託您了！」

我從龍學的話語中，感受到他對生活的意志與懇切態度。這樣的孩子，我怎麼能拒絕他的請託呢？於是我便立刻打電話給相伴青少年恢復中心的中心主任，向他說明緣由，拜託他幫忙照顧龍學。因爲龍學的年紀已屆成年，不確定會不會對中心主任造成負擔，但我也沒有其他方法了。

幸虧中心主任欣然地同意要幫忙照顧龍學，我也才放心地鬆了一口氣。接著，我向中午用餐的朋友取得諒解後，便帶著龍學一同赴約。因爲我覺得必須要讓龍學好好吃一頓飯。不過，餓了三天的龍學卻沒能好好飽餐一頓。雖然我已經告訴他，要多吃一點，不用在意我們，但是龍學卻說他在陌生人面前沒辦法好好地吃飯。他的這番話，又再度讓我覺得心痛。他過去的人生是過得多麼辛苦，就連一頓飯也沒辦法安心地吃呢？

吃完飯後，我與龍學再次回到辦公室，我送了他一本書，是他在少年院裡讀過的那本書。這孩子可是讓我感受到寫書的價值呢！不論他是要自己收藏，還是送給他人，我在心裡祈禱那本書可以爲龍學帶來一點幫助。看著他與中心主任離開辦公室的身影，我一邊祈禱他可以在青少年恢復中裡好好生活，如同他自己所說過的誓言一樣，重新做人，也期望他能夠洗刷過去的那些不幸與痛苦，然後幸福地生活。

「現在的小孩」有問題？

您是否時常聽到「現在的小孩……」這樣的話？通常以此開頭的話，大多是負面評價或是帶有憂慮意味的話語，而不是稱讚或鼓勵。其中當然不乏要給那些經驗不足的青少年的眞心建議，不過絕大多數都是「現在的大人們」的杞人憂天。而大衆看待少年犯罪的觀點，也是一樣的狀況。

舉例來說，每當青少年暴力事件出現時，現在小孩的「暴力傾向」

就會成爲輿論批判的話題。從「我們那時候不會這樣，爲什麼現在的孩子會如此」的「話當初（我在你們的年紀不會做那種事）」系列開始，延伸到「那種小孩不該送去少年院，應該送去監獄，讓他們吃吃苦頭」的嚴懲論等，針對非行少年或是不特定多數青少年的各種譴責如雪片紛飛。

當然，這些大人們的擔憂不是平白無故產生的，因爲近幾年的青少年暴力事件呈現出十分過火的型態，確實是事實。其中具備代表性的例子便是讓大衆感到十分震驚，甚至發起少年法廢止請願活動的「釜山女國中生霸凌事件」。如果你清楚案件原委的話，便能夠理解大家撻伐少年犯的心理，因爲實在難以相信那殘忍的霸凌現場，是十幾歲女學生所做出的事情。看到那些女學生們毫不在乎的態度時，也無法認爲是因爲她們不成熟，大概也沒有人會覺得若無其事。然而，大衆僅是因爲幾個曝光的事件就針對特定團體進行各種譴責，以一種「趁現在」的心態進行攻擊，也是非常危險的行爲。特別是在譴責伴隨著某種厭惡的時候，會更加危險。釜山女國中生霸凌事件發生的時候，要求修訂少年法、讓少年犯也必須接受死刑或無期徒刑的輿論吵得沸沸揚揚。但是，我認爲在支持那樣的輿論以前，必須要先冷靜地省察。假設是四位黑道混混對一位民衆做出跟釜山女國中生霸凌事件一樣的行爲時，大家會要求判處這些黑道混混死刑或無期徒刑嗎？我演講的時候問過聽衆們許多次，但是對於犯下相同暴力行爲的黑道份子，有人認爲應判處徒刑最長的是十年有期徒刑，絕大多數的人則認爲五年有期徒刑最恰當。然而，對於那些應該比成年人得到更多寬容、相較於黑道份子對社會較無害的孩子，輿論卻認爲必須處以死刑或無期徒刑這種更嚴重的懲罰，究竟是因爲什麼原因呢？我認爲那是源自於大衆對非行少年的厭惡。但是厭惡或是厭惡主義只會引領人們走向非理性的狀態，使得解決問題更加困難，發展成更嚴重的社會衝突。那麼，我們究竟該如何看待青少年暴力問題呢？

若要解決問題，相較於毫無來由的譴責或歧視，我們更需要的是正確的原因診斷。據說優秀的漁夫在抓魚之前，都會先從水域開始下手。因爲如果要抓魚的水域範圍內有任何讓魚游出去的空隙，就算漁夫的實力再怎麼卓越，也沒有辦法抓到魚。關於青少年暴力問題，我們也必須要以相同的方式去理解，如此才能找到眞正的解決方法。那麼，我們再回到一開始的問題：現在的十多歲青少年，果眞比過去的小孩更加暴力、更殘忍嗎？如果對那些孩子加以嚴懲，大多數良善的青少年就能在更安全的環境中生活嗎？

以我擔任了二十四年法官，親身參與了八年少年事件審理的角度來看，大衆會認爲現在的孩子們較過去更加暴力、更加殘忍，是資訊化時代過度的資訊暴露而造成更大的誤解或偏見。而其中的原因，就讓我們再次仔細回想幾年前引發熱議的釜山女國中生霸凌事件吧！

那個引發熱議的事件，是就讀釜山某國中的四位女學生集體霸凌了一位同齡女學生的事件，而事件開端是因爲異性問題。被害女學生因爲接聽了其中一位加害女學生男朋友的電話而被毆打，被害女學生向警方報案後，加害女學生爲了要報仇，又將被害女學生找來，再次打了她。這起事件引發衆怒，甚至導致少年法廢止請願運動，是因爲人們難以相信那是十多歲女學生所做出的殘忍行爲，而且她們還明目張膽地在社群軟體上直播毆打現場。不僅被害女學生渾身是血的樣子透過社群軟體被即時播放了出來，加害女學生們自豪地說著「我犯罪了」、「很嚴重嗎？我會被送去監獄嗎？」一言一語談論著犯罪事實的樣子，也是十分驚駭的場面，令人不忍直視。

若連經常接觸少年事件的我都感到震驚，那麼一般大衆所感受到的驚駭程度應該更大，更遑論育有子女的父母了，他們看到被害女學生渾身是血的模樣，產生的不僅是憐憫之情，可能還會感到恐懼。因爲「如果放任那樣的孩子們，我的孩子不知道什麼時候也會遭遇同樣的事情」

的現實恐懼感，引發了少年法廢止請願運動。然而，案件愈嚴重，就愈需要冷靜地看待問題。首先，先來了解一下現在的小孩是否變得比以前的小孩更殘忍、更具暴力傾向呢？

如同前面所提到的，我從二〇一〇年，開始在少年法庭上見過一萬二千名以上的少年犯。但是，就我初期所接觸的審理案件與近期的暴力案件進行比較時，暴力的程度並沒有比過去更加嚴重或是殘忍。那麼為什麼社會大眾普遍會認為現在小孩的暴力行為更加可怕、發生的情況更嚴重呢？因為現在的我們生活在高度資訊化時代。

舉例來說，二〇一〇年我剛開始接觸少年審理時，曾經發生過兩個青少年因為網路遊戲中毒而模仿遊戲中的情節殺害計程車司機的事件。他們將司機殺害以後，不僅毫無悔意，甚至還對來協助他們辯護的律師說，「下次要更殘忍、更迅速地將人殺害」的想法在他們腦海中揮之不去，對我造成了莫大衝擊。當時新聞媒體並沒有太多的相關報導，所以大多數的人甚至不知道曾經發生過這樣的案件。

相較之下，二〇一七年的「釜山女國中生霸凌事件」引起了極大的話題，幾乎每個人都知道這個案件。除了犯行內容令人震驚，輿論與網路的力量在事件報導上也發揮了重要作用。因爲這起事件透過新聞與社群媒體迅速地傳播了出去。那麼，我們將這兩個案件做個比較吧！

這兩個案件都是十多歲青少年所犯下的罪行，犯行內容也都已超出一般犯罪行爲的水準，就這部分來看是相似的狀況。但是，如果這兩個案件發生在相近的時期，且媒體也以相同的比重進行報導的話，哪一個案件會讓人覺得更殘忍呢？當然是二〇一〇年所發生的殺人案件。即便霸凌的情況非常嚴重，但是與奪走他人生命的殺人事件相比，其中所承載的價值就不同了。如果像釜山女國中生霸凌事件一樣，親眼看過殺人事件的照片或影片的話，「不用嚴懲而是必須馬上處以死刑」的輿論大概會滿天紛飛。

由此可知，根據我們所接收到的資訊不同，對於案件的評價也會有所改變。一般來說，驚駭或恐懼的感受經常是透過視覺訊息而傳遞。同樣是渾身是血的小孩，用雙眼目睹跟用雙耳聽聞事件經過，有著極大的差異。然而，現在我們所生活的世界，因爲網路的發達，成了能夠及時接收各種影像資訊的環境。

除此之外，因爲過去一般人較難接觸到犯罪事實的相關資訊，所以要確實知道案件內容並不容易。相較於過去，近來大衆能夠輕易、簡單地接觸到資訊，甚至出現「網友偵查隊」來解決案件，只要透過網路搜就能獲得許多案件消息。人們因而產生現在的小孩更具有暴力傾向、青少年犯罪日益增加的感覺。

事實上，青少年犯罪事件的案件數正在減少。根據二〇一七年法務研修院所發行的《犯罪白書二〇一六》內容來看，少年犯的人數從二〇〇九年開始出現減少的趨勢，整體犯罪案件中少年犯的佔比於二〇〇九年爲五．八％，二〇一六年下降至三．六％。當然，因爲人口數量減少也使得整體犯罪數量下降了，但是就我服務的釜山家庭法院的情況來看，以二〇一三年爲基準，二〇一七年少年保護事件的數量大約減少了四〇％，顯示整體少年犯罪數量正逐漸減少。卽便事實如此，青少年犯罪卻看似愈來愈殘忍、持續增加的原因，除了犯罪事實透過網路與媒體迅速傳播，犯罪年齡也較過去年輕化。相同的犯罪內容，會因爲成年人所爲或是青少年所爲而有不同感受，犯罪年齡愈來愈年輕當然也就令人感到更加震驚。

當然，並不是因爲犯罪數量稍微減少，就表示青少年犯罪不嚴重。把殺人當作遊戲享受，將犯罪事實坦蕩蕩地公開、當場討論的模樣，已經超出我們的普通認知。這種超出常理的行爲，除了告訴我們這些孩子有多麼不成熟，同時也顯示出同理心與道德倫理的缺乏，會帶來多麼可怕的結果。這些孩子的話語、行動以及身體發育狀態雖然跟成年人沒有什麼不同，但是卻幾乎沒有判斷能力、同理心以及道德感，究竟是誰讓這些孩子變成這樣的呢？

有句話說，孩子是看著父母的背影成長的。這意味著小孩會模仿父母的言行舉止。然後隨著年紀漸增，小孩會將自己所看見的世界銘記在心中，並且隨之行動。也就是說，問題兒童的背後，存在著問題父母與問題社會。不論用什麼藉口，現在的社會樣貌都是所有社會上的「成年人」所塑造出來的。一個在家庭中就先學習暴力的社會，一個不將暴力視爲問題的社會，孩子們究竟能夠學習到什麼呢？

大多數的孩子已經漸漸失去人與人之間互相同理痛苦與悲傷的能力。加害女學生們透過社群媒體公開當下狀況時，她們完全無法想像會因此發生什麼結果、會引起什麼樣的風波，以及被害女學生所承受的傷害與人格損害會有多嚴重。這些失去同理心而無法體會流著鮮血、痛苦不堪的被害者有多麼痛的孩子們，對她們進行嚴懲、讓她們暫時隔離在社會之外，問題就能夠解決嗎？這麼做就能讓其他青少年繼續待在安全的環境中生活嗎？我想，這是一件很難實現的事。現在這個時刻，在冠上「現在的小孩眞的太壞了」、「最近十幾歲的年輕人很可怕」的框架前，更需要的是成年人的自省。

有趣的學校？有事的學校？

不知道從何時開始，社會上的學校似乎從有趣的空間漸漸轉變成災難的空間。「校園」與「暴力」這兩個完全不搭的單字互相結合，創造出「校園暴力」這個不和諧的新詞語，僅就這點來看，便能預料到現今校園所面臨的危機。不過，我們也不需要因此覺得害怕，或是產生過度的反應。因為如果能夠知道校園暴力是在何種狀況下發生、具備何種特徵，那麼就算事情發生了，我們也能夠沉著以對。

校園暴力的定義詳細規定於「校園暴力防治與對策相關法律」（以下稱「校園暴力防治法」）第二條第一號條文中，若取其核心概念，校園暴力的意思可以精簡爲以「學生爲對象」所爲之「暴力」行爲。意思就是說，被害者爲學生且被害內容是暴力行爲的話，就符合校園暴力的定義。首先，受害者必須是學生，所以加害者是否爲學生並不是法律認定是否爲校園之因素。再來，犯罪的內容必須是「暴力行爲」，所以即便對學生行使竊盜或詐欺行爲，也不屬於校園暴力的範疇。最後，校園暴力並不以場所作爲區別。許多人認爲只有在校園內發生的暴力行爲才會產生問題，事實上，上學前或放學後在校園外所發生的暴力行爲，只要受害者是學生都屬於校園暴力的範疇。那麼，如果是以下這個情況呢？一位學生在放學以後偷了摩托車，然後在路上狂飆，這屬於校園暴力嗎？答案是「不屬於」。因爲偷竊摩托車的行爲並不是「暴力行爲」而是「竊盜行爲」；飆車雖然屬於「暴力行爲」的一種，但其受害者並非學生而是不特定的民衆們。即便因爲飆車而發生事故，根據事故內容可能會產生傷害或是違反道路交通法等其他罪行，但是這些都與校園暴力無關。

那麼具體而言，究竟哪些行爲屬於校園暴力呢？

通常一提到「暴力」，我們很容易只想到透過物理上的力量對其他人身體造成傷害的行爲，但是卽便沒有物理上的接觸，對他人造成傷害的話語或行爲也都算是暴力行爲。校園暴力也一樣，不僅是攻擊或毆打等對身體行使暴力的行爲，言語暴力、集體霸凌等精神、心理暴力也在校園暴力的範疇之內。學校是個來自不同環境的孩子們一起長時間生活的狹小空間，所以會因爲不同的理由及型態產生暴力行爲。爲了預防這樣的問題，並保護生活在不穩定環境中的學生們，透過法律來規範校園暴力的範圍，便是我們所熟知的「校園暴力防治法」。

「校園暴力防治法」所規定的校園暴力是指，校園內以學生爲對象所產生的傷害、暴力、監禁、脅迫、誘拐、名譽毀損、侮辱、恐嚇、強迫、強制使喚或性侵、霸凌、網路霸凌，以及透過資訊網路所散佈之猥褻暴力資訊而造成身體或精神、財產上傷害之行爲（校園暴力防治法第二條一號）。這個內容乍看之下既複雜又困難，但是只要理解其中原則，就會覺得簡單許多。只要是持續要求對方做出非自願的行爲，或是強制、要求對方作出任何事情，不論小事或大事，都算是校園暴力。

舉例而言，即便對方已經表達了不悅的感覺，仍舊持續用筆戳著對方，或是向對方吐口水、眨眼等作出對方不喜歡的行爲，即便只是開玩笑的行動，也都算是校園暴力行爲。雖然不至於因爲這種程度的行爲就受到懲罰，不過不論是否受懲，可以確定的是，只要持續著對方不喜歡的話語或舉止都算是一種暴力行爲。

不過實際上，令我們感到害怕的並不是吐口水或單純辱罵這一類的行爲，而是攻擊或是脅迫、集體霸凌這種嚴重的校園暴力。原因在於，前者的狀況相對較容易處理，但是後者這類嚴重的校園暴力行爲是很難以自身力量去應對，而且受害程度也較大。站在受害學生的立場，不論是輕微暴力行爲或是嚴重暴力行爲，都是不想親身遭遇的事情，不過同樣是暴力行爲，也有程度上的差異。舉例來說，有人在我臉上吐口水，雖然會讓我感到生氣，卻不至於痛苦到想要尋死。但是，如果整整一年都被同班同學霸凌，或是一直遭受某個人的脅迫、被搶錢，或是被毆打，那會怎麼樣呢？而且，如果已經遭遇上述狀況，卻沒辦法求救或是沒人可以幫忙的話，一定會很痛苦，甚至想要放棄生命。

校園暴力可怕的原因，正是因爲存在著無法克服這種痛苦而選擇自殺的孩子們。究竟是遭遇了什麼樣的暴力行爲，使得那些孩子走向了自殺這種極端的選擇呢？即便有些人沒有走上這個極端的選擇，他們在遭遇校園暴力以後，也會因爲對加害者產生怨懟及憤怒而感到痛苦，或是患上憂鬱症等嚴重的後遺症。那麼，要怎麼做才能讓自己從這樣的問題中全身而退呢？如果要找到對策，首先必須正確了解校園暴力的特性。

校園暴力與其他暴力行爲或是犯罪不同，具備其專屬之特性：關聯性、持續性及展演性。首先，「關聯性」是指校園暴力行爲並非陌生人所爲，而是認識的人所爲的意思。一個人走在路上偶然被搶或是被打時，加害者與被害者彼此相識的可能性幾近於零。相較之下，校園暴力則是發生在學校裡所認識的朋友或是學長學姊、學弟學妹，或是周圍朋友之間。雖然是彼此認識的人，但因爲是以勢力大小而決定的關係，所以算是不對等的關係，而非對等關係。問題就在於，這是藉由學校這個公共場域所形成的關係，即便不喜歡也只能繼續維持著。一般人只是遇到討厭的人心裡都會覺得不舒服了，更何況是天天見到那個打定主意要欺負自己的人呢？另一

個更大的問題，則是因爲這個關聯性的特性，暴力行爲並非一次就結束、持續下去的可能性很高。

因此，校園暴力的第二個特性便是「持續性」。發生了不好的事情或是令人感到疲累的狀況時，我們可以克服它們的原因，乃是因爲我們知道那已經是過往的事情了。然而，校園暴力是透過學校這個公共場域所形成的現象，所以在彼此的關係完全結束前並無法讓它成爲過往雲煙。除了幾乎每天見面，再加上彼此關聯性不太會改變，所以受害者只會屢屢遭受相同的對待。如同「要挨罵就一次被罵完」這句話能夠看出來的一樣，再怎麼輕微的暴力行爲，只要持續發生，被害者所感受到的精神、心理打擊一定很大。舉例而言，「笨蛋」是日常生活中時常會說的話，但是如果每天都從同班同學口中聽到這個詞，你的心情會如何呢？因爲言語暴力十分常見，所以大多數人認爲沒什麼大不了，但是言語暴力在校園暴力類型中佔據了最高的比例，不容輕忽。

校園暴力所具備的最後一個特性是「展演性」。展演性是「在他人可以看見的地方光明正大地進行」的意思。一般犯罪通常都是在他人看不見地方偷偷進行，相反的，校園暴力不論是否有意爲之，大多都會在許多人看得到的地方發生。這其中暗藏了韓國社會的輩份文化，隱含了加害者想在許多人面前炫耀自身勢力的心態。然而，許多受害學生因爲這樣的校園暴力特性，除了要承受暴力行爲所帶來的傷害，也要承受羞恥、侮辱感等二次傷害。

暴力行爲所帶來的傷害固然是個問題，但是二次傷害所帶來的問題更加嚴重，因爲它會讓受害學生喪失自尊心，導致精神、心理層面遭受極大傷害。若是如此，受害學生可能會因爲不滿與憤怒而決心要報復對方，或是陷入無助與自卑的狀態，以心理奴隸的狀態生活下去，也有可能因爲遭受打擊而像斯德哥爾摩症候群患者一樣，對加害者產生情感。不論哪一種，都不是可取的結果。

上述所提及的三個校園暴力的特性，並不是分開發生，而是一同出現，所以這會讓受害學生陷入更劇烈的痛苦中。媒體所報導的案件中，也曾有因爲相同問題造成學生選擇自殺的案例。一位從中學開始就不斷被欺負的學生與加害學生們一起進了同一所高中，因爲那所高中是寄宿學校，面對二十四小時都可能遭受欺壓的絕望之下，被害學生在入學一週後便了結了自己的生命。中學時，被害學生只要放學回家就能夠脫離加害學生們的暴力舉止，但是高中時卻必須每天跟加害學生們一起待在學校，所以他再也沒有力氣撐下去了。這個案例讓我們知道，校園暴力可以將一個孩子的靈魂破壞得多麼悲慘。那個孩子在邁向自殺的過程中，其他人都在做些什麼呢？周遭的冷漠及袖手旁觀，是不是讓這個孩子感到更加辛苦了呢？

有一本關於校園暴力、名爲《假裝不知道》的繪本。有一位孩子被班上幾位同學欺負，但是同班同學全都假裝不知道而沒有理會，身爲主角的「我」也一樣。但是過了不久，我也遭遇了和被害孩子同樣的狀況，直到那時，我才領悟到原來「假裝不知道」是多麼慚愧且不正確的事情。因爲我周圍的朋友也都假裝不知道我的狀況，就像我當初即便看見別的同學被欺負，也假裝沒看到一樣。

令人驚訝的是，繪本中所描繪的狀況幾乎跟現實一模一樣。因爲內心的混亂及憤怒而再次展現暴力行爲的孩子，跟那些校園暴力受害學生的模樣並沒有太大的不同，事實上也有許多從被害者變成加害者的孩子們。除此之外，那些在孩子們需要時毫不給予關懷，後來發生問題才將責任轉嫁給他人、忙著想脫身的成年人們的樣子，也跟現今社會所呈現的樣貌十分相像。很多成年人平時不僅不給予關懷，還要套上「現在小孩的問題」這樣的框架，似乎把校園暴力的原因全都歸咎在每個孩子的品行之上。

然而，校園暴力並不是單單透過舉報加害學生或是讓加害學生受懲就能夠解決的事情。學生與父母、學校、各個地域必須要合力改善引發暴力行爲的根本原因，並且積極伸出援手、思考解決方案，不讓被害學生獨自屏息哭泣。如此一來，正值花樣年華的孩子們才能從親自了結生命的慘淡現實中脫離，讓校園及孩子們都能夠變得更健康。

希望能成為一同分擔的苦痛

雖然我在前面內容已有提及，不過，廢止少年法的主張會如此強烈，還有另一個原因。如果站在被害者立場上來思考，就必須要提高加害者的懲罰標準，因此少年法必須被廢除。這樣的主張深深蘊含著「只有對加害者嚴懲才是對被害者最好的體諒」這樣的想法。但是，我們必須要謹愼思考，能夠爲被害者而做的事，是不是只有嚴懲加害者這個選擇。

更重要的問題是，我們不能認爲只要透過嚴懲加害者，被害者所受的傷害就能痊癒與復原。如果針對加害者的嚴懲以及被害者的制度性措施都有其限制的話，那麼給予被害者超越限制的體恤，就會成為社會共同體的責任。被害者所承受的苦痛由我們這個社會共同體一起分擔，才是最根本的解決方式。

在這樣的意義之下，我要在這裡分享不久前我在法庭上與釜山女國中生霸凌事件的被害者H見面那天所發生的故事。

H因為霸凌事件之前自己所犯下的輕微罪行來到了法庭上。嬌小而稚氣的少女與媽媽一起來到法庭時，馬上映入我眼簾的是為了治療因霸凌造成的傷口而剪短的頭髮。幸虧傷口已經痊癒，而且也看不到頭上的傷痕了。

我對案件進行簡單地詢問後，便問了她的近期生活及學校狀況，她告訴我，目前在家裡過得很好，春季時就會升上三年級。

「對你做出霸凌行爲的孩子中，你最討厭誰呢？」

「A、B、C、D四位中，我最討厭A和B，再來是C，最後是D。」

我問她，「你跟C有聯絡嗎？」孩子回答道，「有，我們會聯絡。」

於是我便說：「現在C在法庭外面，要不要叫她進來呢？」孩子卻沉默不語。

我將在外頭等待的C叫了進來。霸凌事件發生當時，C已經十三歲了，所以馬上被移送到釜山家庭法院少年部，在二〇一七年十二月已由另一個法官作出少年保護處分的結果。因此，她沒有義務出席H今天的判決，但是她因爲法官的請託而自願來到了法庭外頭。在今天的裁判進行前，我透過他人得知被害者與C似乎在某種程度上已經和好了，所以便拜託他將C帶到法庭上。另一方面，見到C的H並沒有顯現出一絲動搖。

我要求C大喊十次「〇〇對不起，請原諒我」，C也順從地照做，說了「〇〇對不起，請原諒我。」

「○○對不起，請原諒我。」

不過，不知道是不是太難爲情，C的態度看起來不是很好，所以我大聲斥責了她。

「你可以說得那麼沒誠意嗎？眞心誠意地說道歉！」

我這麼一說，C似乎振作起了精神，開始眞心誠意地請求原諒。

「○○對不起，請原諒我。」

「○○對不起，請原諒我。」

不知道是不是重複說著這句話，所以情緒湧了上來，C哭了出來，一邊哭一邊眞心地乞求原諒。

「○○對不起，請原諒我。」

「○○對不起，請原諒我。」

C說完十次以後，在沒有任何人指示的狀況下，自己開口道歉，說：

「○○，我沒有試著站在朋友的立場上而打了你，眞的很抱歉。」於是我詢問了Ｈ。

「你眞的跟Ｃ和好了嗎？」

「對，Ｃ透過臉書跟我說了很多次對不起。我覺得她是眞心感到抱歉，而且也有深刻反省，所以決定原諒她了。」

接著，我便向Ｈ的媽媽說：「如果您有話想對Ｃ說的話，請說吧！不管是什麼話都可以。」不過令人感到意外的是，Ｈ的媽媽表示沒有話想說。我實在是太訝異，所以又再問了一次。

「您眞的沒有話想說嗎？」

對於我第二次的詢問，Ｈ的媽媽依舊淡然地回答「沒有」。不知道是不是因爲自己的女兒已經原諒對方，媽媽的憤怒似乎也消退了。我對Ｈ作出了委託給監護人的處分，同時詢問她們要不要參加由青少年恢復中心針對青少年所舉辦、治癒身心靈的「二人三腳指導旅行」，她們欣然地決定參加。

接著，我要求H和C兩人互相擁抱，只見兩個孩子緊緊抱著彼此，哭了起來。卽便因爲情緒湧上心頭，我也不曾在法庭上落淚，但是因爲這兩個孩子和好的場面而感到一陣鼻酸，我也不自覺地流下眼淚。後來因爲步出法庭的媽媽與兩個孩子的模樣久久縈繞心頭，我不得不暫時先休庭。

結束上午的裁判、吃完午餐以後，我爲了撫慰自己的心情而去喝茶，H與媽媽還有二人三腳指導旅行的老師也一起來到了茶屋。我又再次因爲憐惜H，心中感到一陣酸楚。於是我便對H如此說道。

「〇〇！你當法官我的女兒吧！」

我的話一出口，H便露出了微笑。因爲她看起來並不介意，所以我們彼此交換了電話號碼，然後用手機拍了合照。我向她說道。

「如果又有人欺負你，就把這張照片給他看！如果有什麼困難，就跟我聯絡。」

因爲我下午還有其他裁判，所以便向她道別、離開了。雖然是用笑臉互道再見，但是我一想到這段時間H所承受的痛苦，我邁向辦公室的腳步一點也不輕鬆。H在前往濟州島進行二人三腳指導旅行的前一晚，用Kakaotalk傳了一封信給我。她的狀況似乎好了許多，我也較爲放心了。以下是H信件的部分內容。

老實說，我不該原諒C這個朋友，只要想起那尚存的一點點記憶，心裡就覺得非常痛苦。所以我不喜歡C對我下跪，她一邊哭一邊跟我道歉，反而讓我心生感激，對著朋友下跪是件很傷自尊心的事情，所以我覺得很抱歉，但也很感謝她。在那之前我已經流了很多眼淚，本來以為自己已經不會再哭了，但是C下跪的那瞬間，我還是落淚了。還有法官您提及當時的事件時，我也哽咽了。很多時候，我明明笑著或是好端端的，但只要那個話題一出現，或是想起一點點的記憶，眼淚都好像要流出來似的。不論C是不是誠心向我道歉，我都是真心地接受。一想到C的內心也很煎熬，就感到十分抱歉，也很感激。

……法官您在法庭上詢問我最討厭誰的時候，其實我想要說的答案是我自己。但是因為媽媽站在後面看著我，我擔心如果那樣回答會讓她很傷心，所以沒能說出口。至少還是透過這封信告訴您了呢！呵呵，比起A、B、C、D她們任何一個人，我最討厭的是我自己。到目前為止，我闖了很多禍，對於那些因為我而受傷的所有人，我感到十分抱歉。雖然我現在後悔也於事無補，但是我這輩子會一直不停反省。我會這樣告訴自己：這次的事件，是因為我過去所犯下的錯誤而遭受的懲罰。

另外，我最近正在閱讀千宗湖法官您所寫的書，覺得十分感動，讀書的同時，我也一邊反省自己曾經犯下的錯誤。如果有機會的話，我想要再重讀一遍。因為接下來我會乖乖地生活、不闖禍，所以不知道還會不會再見到您，希望偶爾還是能見個面。

所謂的實現夢想，是做一件事的當下能感到開心與幸福，並感受熱血沸騰的感覺。對我而言，那件事就是媽媽能夠因為我而感到幸福，不會因為我而感到疲累或哭泣，這就是我唯一的夢想。從現在開始，我每天起床的時候，都要懷抱著「這就是我今天的目標」的心情，帶著熱情開始我新的一天。不管發生什麼事，我都不會覺得疲累，也會克服所有困難。我辦得到！還有，比起朋友，我會更愛我的家人。因為不管做什麼事，最後陪在身邊的就是我的家人。

最後，非常謝謝您讓我再次擁有這段省思自己的時光。

在那之後，我並未切斷我與H之間的緣分。因爲就讀國中二年級的H重返校園、完成學業是首要之務。釜山女國中生霸凌事件爆發的時候，H的缺席日數已經累積多達六十天，她只要再曠課三天就會被留級，必須重讀二年級。然而，因爲過去與Ｈ一起作伴的同學們都是那些不適應校園生活而感到徬徨的「非主流」學生，所以要回到充斥著「主流」學生的學校繼續完成學業，對Ｈ而言並不是件容易的事。

再加上霸凌事件引發了全國民衆的關注，她還必須克服學校同學及老師們的尖銳視線，心中的壓力肯定不小。這跟霸凌事件所造成的創傷治療、復原又是另一個不同的問題。所以，我才會對她說「如果又有人欺負你，就把這張照片給他看！」希望可以帶給她一些力量，在那之後，我們也一直透過訊息、電話保持聯繫，我也會寄獎學金給她。

二〇一八年三月，Ｈ順利地升上了國中三年級。接著，時間來到二〇一八年五月的父母節，Ｈ來到了我的辦公室。頭髮梳得十分整齊的她，非常漂亮。她的手裡拿著一朶康乃馨，不知道是不是害羞的關係，她不發一語地將康乃馨遞給了我。那天晚上，我們一起吃了晚餐以後，我送了她一個小禮物，便互道了再見。她快步走向地鐵的模樣，十分討喜。

二〇一八年十二月，我收到H傳來的訊息。

「法官，我面試通過了。」

聽到她完成中學學業且順利考上高中的消息，使我內心激動不已，也覺得十分開心。我也傳了訊息替這位度過人生難關的孩子加油打氣。眞心期望她上了高中也能克服難關、完成學業。

您曾經思考過，什麼樣的方法才能眞正給予像H這樣的被害者們幫助嗎？只要憤恨地談論對加害者的厭惡之情、要求對加害者進行嚴懲，然後在新聞下方留言，被害者們的創傷就會痊癒、復原嗎？不是的，這樣根本不足以讓被害者們的傷口痊癒。

幫助被害者們還有其他許多方式，像是縝密地建立被害者救助的相關制度，防止被害者們因爲制度不健全而脫離保護網；若是制度尚未完整建立的情況，則要由社會成員們挺身而出、與被害者們一起分擔他們的悲傷，協助被害者們走出傷痛。

釜山女國中生霸凌事件爆發時，大部分的民衆只關心「對加害者嚴懲」這件事，幾乎沒有人在乎被害者的家庭復原或是重返校園這一類的問題。我希望未來會有更多思慮縝密、成熟的成年人，不是看著大家都看得到的部分然後表現憤怒之情，而是看到那些大家所看不到的部分，並且敞開心胸、伸出援助之手的眞誠成年人。

為了人類而存在的法律與正義

事實上，對一般人來說，法庭是只有在電視劇或電影裡才會看見的陌生場景。因爲從沒踏進法庭的人比那些去過法庭的人還要多很多。因此，也有人將法庭視爲如禁地一般的地方，認爲法庭是個不該前往、必須遠離的地方。不過其實法庭也只不過是我們生活中的一部分，並不是什麼奇怪的地方，也不需要特別迴避。

法庭指的是執法的場地，那麼所謂的「執法」代表了什麼意義呢？

所謂的法律究竟是什麼呢？我們爲什麼需要法律呢？那是因爲人類是社會性動物。如果是在無人島上自給自足過生活，就不需要衣服，也不需要法律了吧！但是，人類會形成社會、以團體方式生活，在許許多多的關係中度過一生。此外，在許多人一起生活的空間裡隨時都可能發生大大小小的紛爭。

舉例而言，魯賓遜獨自一人生活在無人島上時，不論是要脫光身子走路，還是要在深夜放聲高歌，都不會對他人造成不便，所以他的行爲不會受到任何限制。但是，如果是兩個人以上一起生活，狀況就會不一樣。魯賓遜遇到了原住民「星期五」以後，他的生活不得不受到限制，而那些限制漸漸成爲了他必須遵守的規則。爲了建立一個更好的社會，根據社會成員們的共識而制定的規則或約定就稱爲「法律」。簡而言之，法律可以稱作爲「關係的準則」。

一聽到「法律會保護社會中的弱者」這句話時，應該有人會搖頭，因爲他們認爲法律上站在強者那邊。「有錢無罪、無錢有罪」這句話曾經在社會上流行了好一陣子，這句話也是出自於同一種想法。法律眞的站在強者那一邊嗎？就結論來看，法律並沒有站在強者那一方。

不可否認的是，社會上具有影響力的人們比較了解法律，也較容易接觸到法律這塊領域，因此也就會產生濫用法律的可能性。但是，我們也不能因此就鄙視所有的法律制度，或是認爲法律是有權者的專屬物。因爲如果沒有法律的話，立即遭受損害的不是強者而是弱者的可能性很高。

所謂「擁有力量」是指不論法律是否存在，都能夠得到自己想要的東西的意思，也就是「力量的定義」。不論是肉體上的力量、金錢的力量、

背景的力量，擁有力量的人都會站在一個比對方有利的位置開始戰鬥。說不定對他們而言，法律反而會成爲他們行使自身力量的絆腳石，因爲法律存在著許多的規則。但是，對弱者而言並非如此，因爲弱者們卽便遭受委屈，如果沒有法律就沒辦法替自己申冤。也是基於同樣的理由，法律是常伴在我們左右的東西。

接下來，我們一起來思考「正義」這件事吧！一般人都是在自己遭遇委屈或是不公平的事情時，腦中才會浮現「正義」這個想法。就如同必須要在四周一片漆黑的時候才會明白燈光的重要性，人只有在遭遇不公平的待遇時才能體會正義的價值。法律與正義，一直都是身爲法官的我不停煩惱的課題。有一天，曾被我處以九號處分、被送到少年院的承哲來到法院找我。我們一起談天說地，也聊了一些少年院生活的話題。隔天，我收到了一封信，承哲說他與我見面時，實在是太緊張所以沒能發問，才又寄了信給我。

法官，我在少年院的時候聽到了許多人的處分內容。我將每天聽到的裁判結果寫了下來，然後比較同一位法官所給予的罪名及犯罪性質，仔細思考了公平性這個問題。我也曾經聽聞一位偷了餅乾的青少年被處以在少年院生活兩年的十號處分，但是犯下加重強盜罪的另一位青少年卻被處以相對較輕的處分，回到社會中生活。您不覺得這很偏頗、很奇怪嗎？

對於裁判公平性提出疑問的承哲，我用了以下的問題作爲回覆。

關於你的想法，我也覺得十分有同感。承哲你感到疑惑的部分，可以在我的書中找到解答，你仔細閱讀，在找到答案之前多讀幾遍吧！然後我要問你一個問題。到目前為止已經犯下十多次罪行的孩子偷了餅乾，以及毫無前科的孩子首次犯下的加重強盜罪，您覺得這兩

個人該分別給予什麼樣的處分呢？

承哲的提問十分簡單，卻也正中了法官職責與裁判的核心。法官們所下的裁判是在其程序及結果不違背法律的情況下所做出的合法行爲。但是，如果個別案件的裁判程序進行過程不公平，抑或是與其他案件的裁判結果相比有太大的差異，那麼裁判的公正性就會遭到質疑。此外，即便裁判合法且公正，也有可能從正義角度來審視時，卻是令人難以接受的裁判結果。最後，民衆就會將法官的裁判分爲「合法裁判」、「公正裁判」、「正義裁判」這三種類型。透過裁判來形塑正義，不僅是法官最終想要達到的目的，也是擁有權利的人民所期待的結果。

如果要辨別裁判是否合乎正義，就必須要先知道何爲正義。雖然很難簡單扼要地說明，但我所認爲的正義是關乎「生命、自由、所得與財富、權利與義務、權利與機會、公職與榮耀」這些所謂「社會價值」分配狀態的評估與改善問題。更仔細地說，正義的問題是將社會價值依據每個人的配額進行分配（分配），再獨佔、排他地享受各自所分配到的配額（享有），在享受的過程中如果發生問題就要馬上修正（矯正），如果每個人所分配到的配額差距太大，則要將其中的差距縮小（重新分配）。

接下來，讓我簡單地舉例說明。A從父母親那裡得到了禮物——手機（分配），那支手機便是A所分配到的配額，其他小孩們無權將手機從A那裡搶過來使用（享有）。然而，B卻將A的手機奪過來使用，此時，A有權要求B將手機歸還，且在這種情況下，也可以藉由公權力將手機要回來（矯正）。然而，我們仔細了解之後才發現，B搶走A手機的理由，是因爲B不但沒有錢可以買手機，他身邊也沒有可以買手機給他的監護人或親戚。在這種情況下，防止B再次犯罪的方法，就是有人買手機給B，這也可以視爲是重新分配的問題。換言之，就是關於權利是否正當行使、義務是否確實履行，以及權利行使及義務履行產生問題時，是否透過國家執行權或刑罰權的行使來進行適當矯正等的問題。

然而，有些裁判僅藉由司法正義來進行判斷，很難被視爲是「正義的裁判」，那就是司法與福利同時存在的少年審判。我來舉個例子說明：因爲父親嚴重的家暴導致家庭破碎，與母親一同生活的國中一年級雙胞胎兄妹，因爲母親患有憂鬱症而未能確實得到家庭照顧，後來便因爲慣竊而接受了審理。如果因爲這兩個孩子年紀很小，而且犯行非常輕微，就不作任何處置，作出的最終處分就是讓他們回到媽媽身邊的話，這樣的裁判算是正義的裁判嗎？像這樣的情況，就算只是站在防止再犯的立場上，國家與社會也應該挺身而出，爲這對兄妹找尋合適的寄養家庭，這才是符合正義的眞實意涵。

我再舉一個例子：因爲父母離異而與母親一同生活的青少年，在離家出走以後，爲了籌備住宿費而犯下了網購詐欺的罪行，造成他人三百萬韓元的損失而接受了少年審判。青少年的母親站在法庭上說她取得房東的諒解，拿回她所有的財產——租屋押金三百萬韓元——去賠償了所有損失，希望可以從輕處分。爲了賠償對方損失，他們從原本住的地方搬出來，住進了破舊的月租屋。

青少年所騙取的金錢，一定要返還給被害者。關於損害賠償的部分，如果沒有進行任何處置、就此放任的話，等同於是給了青少年免死金牌，這也會違反正義的原則。損害賠償的過程中，即便青少年與他的家人會因而面臨殘酷的結果，也必須要先給予勸告，讓他們進行損害賠償。這便是矯正性的正義。

青少年的母親聽取了我的建議，傾家蕩產來矯正她兒子所犯下的罪行。所以我作出了以保護觀察作爲條件，將青少年委託給他母親的處分。不過作出處分以後的生活，才是青少年與母親眞正要面臨的問題。爲了防止青少年再次犯罪，必須要給予青少年及其母親社會福利層面的援助；爲了讓青少年擁有自立能力，也必須要有協助完成學業、職業教育等教育層面的援助。考量經濟弱勢的青少年家人的立場，調整分配結構，這便是分配的正義。

現今我們的社會雖然落實了身分平等與政治平等，但是經濟平等依舊是個未解的課題。雖然我們持續努力解決分配不平等的問題，但是能夠分配的分母大小一樣，就表示必須要有人願意讓出自己的一小部分，這便很難取得共識。事實上，要制定出能夠滿足所有人的分配規則幾乎不可能。但是如果我們贊同約翰・羅爾斯的見解：「透過社會群體能夠擁有更好的生活這點來看，人們的利害關係是相同的。」那麼爲了實現比現在更好的分配系統而持續努力，不就是最好的方法嗎？

一扇門關上了，就會有另一扇門打開

在法國有個專爲非行少年打造的「瑟伊」（Seuil）徒步旅行計畫。一名非行少年要與一名成人導師一起完成一千六百公里的徒步旅行，徒步旅行完成以後，法官、法院職員們以及相關人士便會舉辦盛大的派對。據悉，完成徒步旅行的青少年再犯率爲百分之十五，相較於一般非行少年再犯率的百分之八十五低了許多。著有《行走的禮讚》而聞名的人類學家布雷頓（David le Breton）十分支持「瑟伊」徒步旅行計畫，並說：「走路是面對自身問題的內在旅程。走路能夠讓孩子們與自己的過往道別，並帶給他們將包圍在四周的牆壁鑿出一個窗戶的力量。」

我的內心也因爲「瑟伊」的目標而感動，二〇一五年開始便在社團法人「萬事少年」以及捐贈者的幫助之下，開始和孩子們一起進行「兩人三腳徒步旅行」。這個名稱是取自兩個人用繩子捆住各自的一隻腳、一起跑步的兩人三腳遊戲，希望成人導師與危機青少年可以把彼此的心綁在一起、合而爲一，然後進行徒步旅行。設定目標、制定計畫、克服不熟悉的日常、與同行者聊天並且互相照顧等徒步旅行的所有過程，對青少年而言，都非常珍貴。我想，應該會有中途放棄的青少年，也會有發牢騷的青少年，說不定也會有青少年在徒步旅行結束以後，仍舊沒有任何改變。卽便如此，至少他們不是待在自己被拋棄的街道上，而是走在自己所選擇的路上，這樣的經驗將會成爲他們找尋人生方向的墊腳石，於是我開始了這個徒步計畫。

截至二〇二〇年十二月為止，共有三十一位青少年參與過濟州島偶來小路的兩人三腳九天八夜徒步旅行。兩人三腳旅行的重點，是要以一對一的方式行走九天八夜。環遊全國等普通的徒步旅行是以團體方式進行。團體旅行的優點雖然很多，但是卻有個令人無法忽略的缺點：如果是以團體旅行的方式進行，積極參與旅行的孩子和消極參與旅行的孩子們之間就會出現無形的隔閡，有些孩子會因而無法受到全然的尊重，並與其他參與者相互比較，遭到邊緣化的可能性也很大。

不過，兩人三腳徒步旅行是個給予一位青少年全然尊重的旅行。除了每天步行十五至二十公里的距離，其他的時間安排都是由青少年主導。青少年可以先行選擇三餐要吃什麼，也不需要與其他青少年比較誰走得快、誰走得慢。此外，兩人三腳徒步旅行有個不變的原則，就是一定要進行九天八夜。雖然曾經有人提議進行五天四夜的旅行，但是那樣的行程很可能無法讓孩子們體驗克服難關的感覺。五天四夜的旅行是名副其實的「旅行」，並不是能夠培養自己克服人生逆境的徒步旅行。雖然旅行天數相較法國的「瑟伊」短了許多，但是參與旅行的青少年大多在旅行的第五天或第六天面臨自己的難關。接著，便能親眼目睹到那些克服難關的青少年開始恢復他們驚人的生命力。

進行此項活動的結果發現，大部分參與過兩人三腳徒步旅行的青少年，他們的生命都產生了莫大變化。一位不吃憂鬱症藥物就無法做任何事情的青少年，完成徒步旅行回來以後，戒掉了吃藥習慣，開始了與其他孩子們一樣的生活，他的主治醫生也感到十分驚訝；一位進出精神病院五、六次，且經常欺負育幼院老師的青少年，完成旅行以後，回復到他原本正常的生活；一位因爲與媽媽產生爭執而放棄學業，每天都過著絕望生活的青少年，旅行回來以後，不僅修復了與媽媽之間的關係，也開心地尋求自己的夢想；一位因爲遭受過虐待而具備暴力傾向的青少年，在旅行回來以後，開始能夠控制自己的情緒；一位因爲與媽媽吵架而離家出走、進行性交易，徘徊在絕望邊緣的青少年也在旅行結束以後漸漸復原，完成高中學業以後進了自己想去的大學等等，出現了許多難以言喻的奇蹟。很顯然的，這一趟短暫又漫長的九天八夜旅行，對青少年而言是莫大的祝福。

而這樣的祝福，不僅出現在青少年身上。犧牲了自己九天八夜的時間，一同參與旅行的所有人都異口同聲地說：「兩人三腳徒步旅行也是我人生中很珍貴、難以忘懷的一次旅行。」他們都拋開原本對非行少年所抱持的偏見，轉變為「這些孩子們跟一般小孩沒有什麼不同」的想法，這也是兩人三腳徒步旅行的一項重要意義。

瑟伊基金會的創辦人柏納・韋柏（Bernard Werber）感慨地說：「過度保護自己的小孩，然後欺壓別的小孩，並且要求將那些危險的小孩們區隔開來，這就是法國的現實。」韓國社會也沒什麼不同。

有一天，有位記者來到了我的辦公室，我便和他天南地北地聊天，從中聽到了一位青少年的故事，而我曾經擔任過他的陪審法官。那位青少年當時是個國中生，因爲犯下竊盜罪而接受了刑事裁判，他的父親無法就這樣放棄這位擁有異於常人的棒球天賦的兒子，所以父親代替自己的兒子向所有被害者謝罪、進行賠償並取得了原諒。因爲父親想要拯救兒子的意志，法院在一審宣告了緩刑判決，二審則是作出了移送至少年部的少年保護事件處分。這位青少年完成社會服務及保護觀察後升上了高中，在那之後他不僅沒有再次犯行，還成爲了一位優秀棒球選手。他還通過職棒新人選秀，進到國內有名的棒球隊，並在表演賽中投出了好球，因此一砲而紅。然而，就在他準備實現自己的夢想之際，有人在網路上公開了他的犯罪前科，他不爲人知的過去開始在社群媒體上傳了開來。韓國棒球委員會與他所屬的棒球隊網站在短短時間內便充斥著「竊盜前科投手」以及各種指責他的留言，結果他連常規賽都沒

能站上投手丘，便在那年四月離開了棒球場。

在那之後，他的人生便掉入地獄中。被這個社會拒於門外的他再次犯了罪而遭到逮補，聽到這個消息的我，感到十分惋惜。我在收錄了他的故事的書本中寫下：「送你這本書，希望你在感到疲累的時候，都能記得父親的祈禱與辛勞。」請記者代爲轉交。

幾天後，記者帶著那位前棒球選手要給我的信來找我。他在信裡說，他父親早已過世，他一邊讀著我的書，一邊想起過世的父親，不禁潸然淚下。信中滿滿都是他立誓要活出全新生活的決心。我只希望他至少可以從現在開始過著和普通民衆一樣的生活，雖然他曾犯下很嚴重的罪行，但他也已經受到了法律的懲罰。如果我們不是指責他，而是給予他站上投手丘的機會，說不定我們就能擁有一位戰勝黑暗過往、展開全新人生的優秀棒球選手。如果是那樣的話，說不定他會爲了報答這個寬以待人的社會而更加專注於運動表現上，並成爲一位良善的公民。

一想到這裡，我心中的惋惜與苦悶，令我感到十分鬱悶。一個人犯了罪就應該受到懲罰，這是理所當然的事情，但是沒有必要一輩子都只接受懲罰，他必須要重新和大家一起生活。一個人犯了罪就要嚴懲，但是他承擔了應有的罪責以後，我們不是應該幫助他再次以社會成員的身分生活、成爲一位堂堂正正的公民嗎？有人說，犯罪不是透過刑罰來懲治，而是要在整個世界的幫助之下才不會再次重演。擁抱那些遭到社會冷落而被趕到街頭上的孩子們並將他們帶回來社會中，這件事情一定要有人去做。

再次想想少年法

最近這幾年，包含釜山女國中生霸凌事件在內，還有仁川小學生殺人事件、龍仁公寓磚石事件、租車肇事逃逸致死事件等接二連三的案件都引發韓國社會的熱議。衆所皆知，這些案件的共同關注點便是少年法的處分問題。

就現在情況來看，問題究竟是什麼呢？在回答這個問題之前，我覺得先簡單說明刑事處分（刑罰）的意義，似乎會比較好一點。因爲這樣才能眞正理解目前少年法相關的所有爭議。

有人認爲刑罰就是法律，這也代表了刑罰在法律中具有十分重大的意義，因爲那是國家權力直接給予個人的懲罰。不過，也是有人違法了但不用受罰，或是罰得很輕，那就是少年法中所規範的「具有反社會性的青少年」，亦卽十歲以上、未滿十九歲的非行少年，十八歲大概是就讀高中三年級的年紀。那麼，一個人在高中畢業以前，不管做什麼壞事都不用受罰或是只會被處以輕微刑罰嗎？當然不是。雖然少年裁判根據少年法的本質與目的，的確是將重點放在教育層面而非懲罰層面，但也不是因爲這樣就不會對少年犯處以刑罰，或是就無條件地給予他們寬容處分。雖然適用少年法的人會被處以較輕微的刑罰，但是如果是再犯或是犯下極嚴重的罪行時，刑罰也會跟著加重。只是因爲考量到他們是未成年人，才適用與成年犯罪者稍微不同的標準，而少年法相關的爭議持續延燒的原因，就是因爲這「稍微不同」的刑罰標準。

目前最備受爭議的問題，就是未成年人不論犯下多麼嚴重的罪行，都不會被處以死刑與無期徒刑，以及無法對觸法少年[12]處以刑罰的部分。成年人與未成年人犯下相同的犯罪行為，成年人會被處以死刑或無期徒刑，但未成年人卻不會，因為根據聯合國兒童權利公約的建議以及少年法的保護規定，未滿十八歲的未成年人只能處以最高二十年的刑罰（現行刑法上可以對十八歲青少年進行死刑宣告），十歲以上、未滿十四歲的觸法少年（雖然作出違法行為，但是並非刑事法適用對象的未成年者）則不得處以刑罰。大多數人因此對少年法產生不滿，他們認為法律必須嚴格且公平，但是卻因為犯罪者「年紀小」而不處以刑罰，或是只處以不痛不癢的處分，所以覺得難以接受。

根據現行的少年法規定，對於犯下殺人這類重罪青少年，如果他未滿十四歲，最嚴厲的處罰就是在少年院生活兩年的處分。如果他犯下的是一般罪行，在少年院生活兩年的處分並不算是輕微的處罰，但是如果是殺人這類的重罪，情況就不同了，不可避免地會有人提出「殺了人也只被判兩年嗎？」的質疑。這樣的疑問等同於是對少年法的存在理由提出了根本性的質疑，再加上最近的犯罪年齡漸漸下降，因而更加助長了相關議題的討論。

如同前面內容所述，少年法的相關爭議擴大成爲整個社會的議題，其中很大的原因是受到釜山女國中生霸凌事件的影響。當時引發極大的爭議，就連要對廢止少年法提出反對意見都很困難。雖然任何問題都會存在贊成與反對兩種意見，但是當時只要一提出反對意見，就會受到輿論的譴責。

12 譯註：係指十歲以上、未滿十四歲的觸犯刑法之青少年。

關於少年法的爭議，目前依舊是「現在進行式」。究竟少年法包含了哪些內容而會出現「廢止少年法」如此極端的主張？甚至到了現在都還是爭議的主角？而我也在許多不同的場合被其他人詢問過相關的問題與意見。趁著這次機會，我將某位記者的提問作爲範本，簡略記錄了我個人對於少年法廢止及修訂問題的意見。

在開始討論少年法廢止問題之前，我們必須要對韓國的刑事法與刑事政策體系、目的有基本的了解。如果沒有事先進行基本的了解，不但很難得出正確的意見，也可能會在討論過程中不斷往錯誤的方向前去。

贊成廢止少年法的一方，主要強調以下的論點：

①將少年犯的年齡往下修，讓犯罪的未成年者都能適用刑罰，並且給予嚴厲的處罰：十三歲觸法少年（十歲至十三歲）犯下的租車肇事逃逸致死事件，以及九歲孩童所犯下的龍仁公寓磚石事件都包含在內。

②廢止少年法，使得適用刑罰的犯罪少年（十四歲至十八歲）也能受死刑或無期徒刑之宣告：十六歲青少年所犯下的仁川小學生殺人事件包含在內。

③廢止少年法並刪除所有少年保護處分，讓少年犯都適用刑事處罰。

首先，讓我們來檢視①要求下修少年犯適用年齡的主張。我們必須要知道，只廢除少年法並無法實現這項主張，還要連刑法也進行修法才有可能實現。因爲如果廢止了少年法，少年犯罪也無法適用刑法，因爲刑法將「刑事未成年者[13]」規定爲「未滿十四歲者」。因此，即便廢止了少年法，如果刑法沒有修法，那麼針對未滿十四歲的少年犯（特別是犯下惡性犯罪

13 譯註：等同於我國刑法中的無責任能力者。

與暴力犯罪的少年犯）不僅不能適用刑法，也沒辦法適用少年保護處分。所以，如果要廢止少年法並且達到主張者們的目的，那麼就必須要修訂刑法、降低刑事未成年者的年齡。然而，如果在廢止少年法的同時，也一起修訂刑法，將刑事未成年者的年齡改爲「未滿十三歲者」的話，那麼就會變成十二歲以下的少年犯不僅不能適用刑罰，也不能以少年保護處分來處理。如此一來，刑事未成年者的年齡要下降到幾歲呢？希望大家可以好好思考這個問題。

接下來，讓我們來看看②針對少年犯得以給予死刑或無期徒刑之宣告的主張。如果廢止了少年法，那麼就能根據罪行內容對十四歲以上（假定廢止少年法的同時，刑法也進行修訂，調降刑事未成年者之適用年齡）的少年犯給予死刑或無期徒刑之宣告。刑事未成年者得受死刑或無期徒刑之宣告，也就意味著在刑法上未成年者與成年者是受到同等的對待。如果在刑法上將未成年者與成年者同等對待，那麼在其他的法律領域中，也必須將兩者同等看待。因爲如果只在遭受侵害的部分給予同等的對待，享受權益的部分卻是差別待遇，這樣的做法根本就違法民主主義或法治主義的精神。如果能夠對刑事未成年者進行死刑或無期徒刑之宣告，那麼就必須賦予他們選罷法上的選舉權。最近選罷法將合法選舉年齡下調至十八歲，便是考量到刑法上能夠給予十八歲青少年死刑或無期徒刑宣告之規定。關於這點，可以參考我在《雷公法官千宗湖的辯解》一書中詳盡的說明。

如果廢止了少年法，且能夠對少年犯進行死刑或無期徒刑之宣告的話，不僅國內法與國際法上會產生許多問題，也會產生刑事政策上的問題，所以專家們對於少年法廢除大多抱持負面的態度。

綜合以上幾點，我認爲少年法處置相關問題，以下的方案有較高的履行可能性。第一，讓少年犯適用少年法，但是針對少年法進行修訂，提高有期徒刑的

上限。第二，修訂刑法，降低刑事未成年者的年齡以及犯罪少年[14]的年齡。

若以此爲基礎，那麼少年法處置以及相關的討論內容就會變成「是否要降低刑事未成年者的年齡？若要降低年齡的話，要降低至幾歲呢？有期徒刑的上限要調整爲幾年呢？」

那麼將觸法少年的年齡上限從十四歲降低至十三歲的問題，該怎麼去思考呢？首先，刑事未成年者的年齡降低爲十三歲的方案是否是按照犯罪政策與矯正政策的研究結果所作出的結論，並不明確。我們不能單純因爲輿論推波助瀾，就將刑事未成年者的年齡降低作爲權宜之計，卽便將刑事未成年者的年齡改爲十二歲，依舊會存在著相同的問題。

最近獲得二十萬名以上同意票的少年法相關國民請願活動，大多都是因爲殺人、性侵害等令人髮指的罪行而造成的。我也時常被問到「針對特定犯罪將觸法少年—保護處分排除的方案，您認爲怎麼樣呢？」、「若要針對被害者無法復原的傷害進行報復性措施，有哪些方式是可以考慮的呢？」等相關的問題。

對凶惡犯罪與暴力犯罪受年齡限制，而處以輕微處分，正是輿論鬧得沸沸揚揚的原因。而我也認爲，針對凶惡犯罪與暴力犯罪必須要有更嚴厲的對策。不過在那之前，必須要先提出對刑事未成年者處以刑罰的依據，而解決這個問題的方式就是制定「刑事未成年者的刑事處罰相關特別法」。再來，則是要解決刑事法體系與矯正體系上的問題。假設我們要反映出所有人的意見，犯下凶惡犯罪或暴力犯罪的人不論幾歲都要處以嚴格懲罰的話，那可能會發生一位十歲男孩必須在監獄裡度過監禁生活的情況。再加上韓國只有一個地方設有少年觀護所，確實有必要去思考新型態的矯正設施。

14 譯註：犯罪少年係指十四至十八歲觸犯刑法之青少年。

少年保護處分的選擇範疇非常少，如果法官要將青少年送至少年院，他所能選擇的處分期間只有三種：一個月、六個月以及兩年。所以，我很早以前就開始提倡擴大少年保護處分的選擇範圍，根據青少年的犯行內容應該新增一年及兩年以上的少年保護處分。如果擴大了少年保護處分的選擇範疇，且少年院安置期間也比現行制度長的話，就不必降低觸法少年的年齡來適用刑法，只要透過少年保護處分就能夠給予嚴厲的處分。目前我國的少年院不僅處於過度飽和的狀態，人力也十分不足。即便如此，少年院相關領域的工作人員們爲了提升少年院安置處分的實效，仍舊盡全力付出著。

不過，將少年院安置處分的實效只歸責於少年院也是個問題。這樣的責任追究是以「青少年只要待過少年院就應該徹底改變，不會再去犯罪或犯錯」的理想作爲前提。但是這樣的說法不僅忽視了少年院教育所存在的局限性，也忽略了青少年返回社會以後所面臨的人際、物質環境問題。即便青少年在少年院進行了完美地矯正，如果他們返回社會生活時，沒有提供他們依靠的家庭環境或教育環境，那麼青少年的再犯率還是會非常高。

如果看了最近的新聞，似乎可以理解人們爲什麼會主張廢止少年法。但是，少年法眞的如同那些主張者們所說，是個惡法嗎？我覺得不是。少年法並不單純只是基於「年紀小」這個理由而善待青少年的法律。不論是哪一個法律，只要是透過正常程序制定的法律，其中必定包含了立法者們對於人類的深度理解及對於法律秩序的苦思，少年法也是一樣的。

少年法的法律依據爲「國親思想」，而國親思想是指國家必須向父親一樣保護國人，少年法的意義是國家要保護那些沒有父母親或是父母親健在但無法給予適當保護及養育措施的青少年。這也是爲什麼少年法庭上所作出的處分被稱爲「保護處分」。

雖然有人可能會認爲「爲什麼還要保護犯罪者？」但是以不同的方式

對待青少年犯罪者與成年犯罪者是許多文明國家很早就選擇的方式。青少年時期不論是在感情上或是生理學上都是不穩定的疾風怒濤時期，且成長過程中的試誤學習是任何人都會面臨的問題，所以才要保護未來會社會主角的這些青少年。因此，少年法以寬容的角度來看待青少年的犯行，也可以視爲是國家對那些尚在成長的青少年的一種體恤。

根據目前大腦科學研究顯示，青少年的腦袋成長僅完成了百分之八十。尤其是被稱爲成熟指標、負責判斷能力及控制能力的額葉尚不發達，所以青少年雖然可以像成年人一樣行動，但是卻無法知道其行動會帶來何種結果。不過，這也意味著青少年的教化可能性很高。這可以透過在司法型態團體家屋中的青少年恢復中心生活過的青少年，再犯率大幅下降的例子來作爲驗證。保護處分期間，生活在青少年恢復中心的孩子們再犯率都很低，因爲他們在青少年恢復中心感受到過去不曾感受到的溫暖照護以及適度的教育，所以便出現了變化。

最重要的是，我們無法追究青少年的法律責任，因爲青少年在法律制定的過程中並沒有行使任何相關的權利。少年法之所以要保護青少年，並非單純只是因爲青少年年紀輕，而是認爲他們不夠成熟，無法了解自己違反法律秩序伴隨而來的責任爲何。法律是個人與國家之間的契約，而處罰也是因爲這個契約而出現的。但是，如果青少年完全沒有參與契約制定的過程，卻給予他們與成年人相同的處罰，這是違反法律秩序的行爲。因爲在法律體系中，所有的法律都息息相關，所以如果要刪除少年法或是更改其內容，那麼其他法律也必須進行修訂。根據現行法律，未成年者如果沒有法定監護人的同意不能行使法律行爲，參政權也受到限制，他們想要工作賺錢也因爲各種規定而遭遇困難。他們因爲「年紀輕」的關係，許多權利也都受到了限制，如果只有犯罪的部分與成年人承擔相同的責任，那也稱不上公正。那麼我們該怎麼做呢？

如果要廢止少年法的話，就必須連其他加諸在青少年身上的限制也全部取消。除了要賦予十歲以上的孩子選舉權，過去認爲會對發育期小孩有害而不予以供應的所有產品也都不能加以限制。簡而言之，這個世界就會變成一個不區別小孩與成年人的世界。這眞的是我們想要的世界嗎？絕對不是。所以少年法也可以說是與國家的品格息息相關的問題，這也是爲什麼大多數國家選擇採行少年法的原因。

不過，媒體所報導的部分青少年的行爲舉止，的確令人難以理解。不管那些孩子年紀多麼輕，他們嘲笑、譏諷法律並且對暴力無感的樣子，確實會激怒那些默默過著守法生活的人。然而，我們不能因爲有一位隨意使用刀子的瘋子，就把這世界上所有的刀子都銷毀。刀子雖然會傷害人，但是如果以正確的方法使用，刀子就是非常有用的工具。

我們所面臨的眞正問題並非少年法本身，而是我們無法確實發揮少年法所承載的意義。少年裁判並不像普通刑事裁判一樣以處罰作結，反而作出處分以後的後續階段才是關鍵。我們要擴充孩子們的生活機構，並且提升生活機構的教育品質，在孩子們離開機構以後仍要持續藉由關懷與照顧來防止他們再次犯罪，確保他們能夠健全地成長。修法以及廢止的問題，在那之後再慢慢進行討論也不嫌遲。此外，擴大家庭法院設置以及少年保護機構人力、物力，也是當務之急。

同時，我也不得不再次提及少年犯罪被害者的話題。少年犯罪被害者的保護及援助措施在具備全面性的原則之下，也必須考量個別案件類型，以及加害者與被害者之間的社會關係等因素，使其具備具體性、及時性。雖然韓國已經制定了犯罪被害者保護法，但是內容卻不似想像中縝密。與其在這些空白被填補前指責國家毫無作爲，我認爲眞正能夠幫助被害者的方式，是以社會成員的身份去填補這些空白。

在民主主義與法治主義之下，國家與政策會依照國人的意願而形成。採行民主主義與法治主義的所有國家，都會區分成年者與未成年者，兩者的法律待遇也不相同。將兩者作出區分，也是成年人的義務。成年者與未成年者的區分年齡如何設定，每個國家都有著些微的差異。而根據標準被視爲是未成年的人，即便因爲年齡限制而被處以不合理的處罰，那也是不可避免的結果。

韓國社會中，以觸法少年爲主的青少年犯罪問題不斷發生的事實，可以視爲大衆對於刑事未成年者年齡標準沒有共識的間接證據，我希望這個問題可以盡早解決。如果這個問題的解決方式是透過修法去解決，那麼就必須進行修法。但是修法時必須非常愼重，確保修法以後不會再有相同的問題被提出來。舉例而言，如果將刑事未成年者的年齡修訂爲未滿十三歲，那麼十二歲的青少年犯行時，很有可能會再次出現主張修法的聲浪。爲了防止這樣的情況發生，最好的方式就是在立法過程中，透過與民衆充分溝通的方式進行說服的程序。

所有的法律都是兩面刃。如果好好運用法律的話，就會成爲守護社會安全的穩固柵欄，但是如果錯誤使用或是過度使用的話，就會變成戕害個人自由與權利的枷鎖。少年法也一樣，如果沒能好好運用就會產生問題；但是好好運用少年法的話，對那些需要保護的青少年而言，就會是成爲一個給予他珍貴人生機會的溫馨法律，就像醫生與廚師的刀具是帶給許多人祝福的工具一樣。少年法會成爲金玉其外敗絮其中的法律，還是會成爲名副其實的法律，取決於我們所有人的關注與努力。

後記

為青少年的人生旅程加油

應該在父母溫暖呵護之下成長的青少年，因爲成年人的冷漠與放任而在街頭上徘徊，然後一腳踏進了非行世界中，最後受到了少年審判。法官作出處分以後，雖然希望這些青少年不要再次犯行，但是大多數的時候希望都會落空。非行少年也是韓國社會的青少年，也是必須受到保護的孩子們，然而，現實中並非如此。因爲非行少年沒有政治上的利用價值，不論保守或進步黨派都將他們視爲透明人，在得不到任何幫助的情況下，非行少年落入了再犯的深淵中。

我對於這樣的惡性循環無法袖手旁觀，所以四處找尋可以幫助他們重新站起來的方式。在我得到「寄養家庭」、「替代性父母」爲解決方案的結論以後，便說服了幾位持有相同抱負的人，致力推動「非行少年專屬團體家屋」——青少年恢復中心的設立。

在司法型團體家屋剛成立以後，我將裁判中的一對國中一年級雙胞胎委託給了青少年恢復中心。這對雙胞胎因爲父母離婚且患有憂鬱症，而無法受到家庭的照顧，他們待在青少年恢復中心的一年期間不曾惹過任何麻煩，踏實地過著生活，兩人卻在離開青少年恢復中心兩週以後，因爲偷了麵包而進到警局。因爲沒有人照顧著他們，所以可能也不需要對這件事感到過於訝異。爲了要拯救類似情況的孩子們，二〇一〇年十一月開始推動將司法型團體家屋進行制度化的事情，便是當務之急。我爲了達成目標，只要有人邀請我，不論地點在哪裡，我都會不辭辛勞地開車前往。不知道是不是因此受到影響，耳鳴症狀找上了我，而且只要一到深夜，我就要花費許多的力氣去平息耳朵裡傳來的蟬叫聲。在一位慈善家的幫助之下，我將親筆簽名的著書與信件交給了國會議員們，在用了許多方式以後，終於收到國會立法調查處的聯繫，他們請我提供司法型團體家屋立法過程中值得參考的資料。

二〇一四年有位國會議員提交了將司法型團體家屋作爲兒童福利法機構的兒童福利法修訂案。過了不久，又有另一位國會議員提交了將司法型團體家屋作爲青少年福利支援法的立法提案。終於，在第十九屆國會會期的最後一天，也就是二〇一六年五月二十九日，透過修法的方式，正式將青少年恢復中心訂定爲「青少年恢復援助機構」。接著，在沒有國會議員或企劃財政部的幫助之下，我們透過國民參與預算制度接受國人的協助，青少年恢復援助機構得以於二〇一九年一月開始獲得國家的預算補助。然後，爲了協助青少年恢復中心的運作，我說服了幾位朋友，成立了社團法人——萬事少年，並展開了萬事少年足球隊、兩人三腳徒步旅行、自律登山、書籍分享會、自立援助工作等活動。透過這些大大小小的活動，治癒青少年的傷痛，矯正他們扭曲的性格，並且修復他們與社會、父母之間的關係。最重要也最值得慶幸的是，非行少年的再犯率顯著降低了。過去九年之間所得到的成果，全歸功於那些無條件伸出援手，有時候甚至代替我挨罵的偉大民眾們。

國家才是最終必須要保護孩子的主體。家庭放手不管的非行少年，就連社會與學校都以極度厭惡的態度疏遠他們，如果一個國家就連幫助他們擺脫犯罪世界的基本援助都辦不到，那麼這個國家等於懈怠了自己實現「正義」，尤其是「分配的正義」這項重大任務。國家必須保護青少年，這件事是我國實現社會正義的最後一塊拼圖，是具有深遠意義的事情。

救助這些情況困難的孩子們並不單單只是國家的任務。所有社會價值的分配要求並不能全都視爲是正義性的要求，就像一個人再怎麼餓也不能到商店裡要求免費食物一樣，因個人「需求」而產生的社會價值分配要求，不能理解成現行社會秩序裡的正義性要求。一個人如果提出了請託或要求，卻沒有得到任何關注或是反應很冷漠，因而感到委屈是人之常情，但是我們不能因此就認爲這是個不正義的世界。假使商店老闆覺得挨餓的人看起來很可憐，所以給了他麵包，那也不是因爲挨餓者有權利獲得麵包，或是他提出了合理要求，而只是他接受了他人的恩惠。向他人尋求恩惠不是一種權利，也不是正義的要求，只是一個值得懷抱感恩之情的條件。

然而，放任那些身陷困境的人們，代表社會共同體並沒有盡到該盡的義務。群衆們縝密地修訂福利制度，針對不健全的福利制度則透過社會成員們自主的慈善實踐方式去塡補其中空白，這正是基督教的正義責任，也就是所謂 Tzedakah（正義）的精神。給予「孤兒、寡婦、遊子、囚犯、殘障人士、病患」這些社會弱勢的代表者們愛與關懷的 Tzedakah（正義）精神，不就是當今社會所需要的精神嗎？

過去這些時間，我見過許多的非行少年，我都會記得這些青少年以及他們的故事。每當想起他們的眼神，我就會爲了要成爲一位問心無愧的法官、成年人以及父親而振作精神。我也希望生活在這個社會的每一個人，可以給予自己周遭的青少年一些關心，並且照顧他們；最更重要的是，我希望青少年們身爲未來社會的主人公，可以多多了解、理解自己身邊的朋友們。我還想拜託那些在教育第一線辛苦執教的老師們，希望你們持續努力去理解每個孩子假面背後的眞實模樣，因爲在他們憤怒與訕笑的假面背後，隱藏的可能是一位正在哭泣的青少年。

生命講堂

我所遇見的少年犯

韓國少年法官千宗湖，八年間遇見一萬兩千名青少年的故事

2022年12月初版　定價：新臺幣360元

著者	千宗湖
譯者	王詩雯
叢書主編	李佳姍
校對	陳嫺若
整體設計	Ivy Design

出版者	聯經出版事業股份有限公司
地址	新北市汐止區大同路一段369號1樓
叢書主編電話	(02)86925588轉5320
台北聯經書房	台北市新生南路三段94號
電話	(02)23620308
台中辦事處	(04)22312023
台中電子信箱	e-mail：linking2@ms42.hinet.net
郵政劃撥帳戶第0100559-3號	
郵撥電話	(02)23620308
印刷者	文聯彩色製版印刷有限公司
總經銷	聯合發行股份有限公司
發行所	新北市新店區寶橋路235巷6弄6號2樓
電話	(02)29178022

副總編輯	陳逸華
總編輯	涂豐恩
總經理	陳芝宇
社長	羅國俊
發行人	林載爵

行政院新聞局出版事業登記證局版臺業字第0130號

本書如有缺頁，破損，倒裝請寄回台北聯經書房更換。　ISBN 978-957-08-6661-2 (平裝)
聯經網址：www.linkingbooks.com.tw
電子信箱：linking@udngroup.com

國家圖書館出版品預行編目資料

我所遇見的少年犯：韓國少年法官千宗湖，八年間遇見一萬兩千名青少年的故事/千宗湖著．王詩雯譯．初版．新北市．聯經．2022年12月．216面．14.8×21公分（生命講堂）
ISBN 978-957-08-6661-2（平裝）

1.CST：青少年犯罪　2. CST：少年犯罪　2. CST：通俗作品

548.581　111019316